Herderbücherei

Band 1233

Über das Buch

Wie viele Menschen können abends vor Kummer kaum einschlafen oder werden mitten in der Nacht von Sorgen und Ängsten geweckt, suchen Zuspruch und Trost. Carl Hilty, der berühmte Schweizer Staatsrechtler und Laienseelsorger, hat für die Beunruhigten und Belasteten seiner Generation einen Jahresbegleiter geschrieben, der, aus den Quellen der Bibel schöpfend, auch noch für die Menschen unserer Zeit ein helfendes Wort bereithält. Schon allein die Auflagenzahlen verraten, wie vielen Menschen dieses Buch bereits Frieden geschenkt hat. Veronica Carstens schreibt in ihrem Vorwort zu Hiltys Gedanken: „Sie veralten nicht, wie alles wahrhaft Große ... Mögen sie vielen Menschen Lebenshilfe sein und sie dorthin führen, wo allein wahres und dauerhaftes Glück zu finden ist – zu Gott."

Über den Autor

Carl Hilty, geboren am 28. 2. 1833 in Werdenberg/Kanton St. Gallen, gestorben am 12. 10. 1909 in Clarens bei Montreux, war führender Staatsrechtler und Geschichtsforscher und Nationalrat der Schweiz. Noch im Todesjahr wurde er als Vertreter der Schweiz am Internationalen Haager Schiedsgerichtshof nominiert. Als Politiker trat er leidenschaftlich u. a. für die Friedensbewegung und das Frauenstimmrecht ein. Großen Einfluß hatte er als Laienprediger und -seelsorger durch seine populären religiösen Schriften. Seine Frömmigkeit schöpft stark aus biblischem Verständnis heraus.

Carl Hilty

Für schlaflose Nächte

Von der Kraft, die aus der Stille kommt

Auswahl und Bearbeitung
von Werner Braselmann

Herderbücherei

Veröffentlicht als Herder-Taschenbuch

Buchumschlag: Werner Bleyer
Umschlagbild: Engelgruß von Veit Stoß, 1518
Rosenkranzmedaillon „Mond“, St. Lorenz, Nürnberg

2. Auflage September 1991

Herder Freiburg · Basel · Wien
Herstellung: Freiburger Graphische Betriebe 1991
ISBN 3-451-08233-0

VORWORT

Wir alle suchen das Glück.
Wir suchen es im Vergnügen, im Lebensgenuß, im beruflichen Erfolg, in privaten Interessen, in Kunst, Musik, in der Schönheit der Natur, in sportlichen Leistungen und in vielerlei anderen Bereichen.
Und dennoch entzieht es sich uns immer wieder.
Zutiefst fühlen wir aber, daß das Glück irgendwo sein muß – und so suchen wir weiter.
Wir kommen schließlich zu der Erkenntnis, daß unser Leben vor allem einen Sinn braucht, und wir fragen uns, welcher Sinn mag unserem eigenen Leben innewohnen? Können wir ihn nicht erkennen, so versuchen wir, dem Leben einen Sinn zu geben. Auch das will uns oft nicht recht gelingen.
Die älteste Erfahrung der Menschheit lautet: Ohne Gott schaffst du es nicht. Du jagst und arbeitest, du liebst und tust Gutes – Glück, Furchtlosigkeit, Gelassenheit ziehen in dein Herz nur ein, wenn du alles – aber auch alles – von Gott erwartest. Er schenkt dir, was dir zukommt. Du kannst es nicht erzwingen.
Verläßt du dich aber auf ihn, erkennst du überall eine Aufgabe, die er nur dir – ganz allein dir – aufgegeben hat. Wenn sie dir zu schwer erscheint, verlaß dich auf ihn, er schenkt dir die Kraft, sie zu erfüllen. Du bist nie allein, du brauchst nichts zu fürchten, nicht einmal den Tod – den vielleicht am allerwenigsten.
Wie ist es anders zu erklären, daß gläubige Menschen selbst in Gefahr, Gefangenschaft und äußerster Not noch ein helles Antlitz haben, daß sie rückblickend die schwersten Jahre ihres Lebens als die kostbarsten ansehen, weil sie die Nähe und den Beistand Gottes, seine tröstende Kraft erfahren hatten.
Wie ihn aber finden? Fällt es uns einfach zu oder genügt es, in die Kirche zu gehen? Beides kann möglich sein. Aber manchmal warten wir vergeblich. Wir müssen uns auf die Suche ma-

chen. Es heißt nicht umsonst in der Bibel: „Suchet, so werdet ihr finden."

Wo aber suchen? Die Bibel ist das Fundament des christlichen Glaubens. Sie sollten wir immer wieder lesen. Erst bei wiederholtem Lesen erkennen wir ihre ganze Tiefe, ihren Reichtum, ihre Wahrheit, ihren Trost und ihre Führung für unser Leben.

Wenn wir dann tastend versuchen, ihren Ratschlägen zu folgen, ihre Ansprüche zu erfüllen, aber auch ihren Trost annehmen, merken wir plötzlich, daß das Leben leichter wird, daß es Glanz und inneren Reichtum bekommt. Wir werden sogar zutiefst glücklich – einerlei, wo wir stehen, wie unser Lebensraum beschaffen ist.

Manchem aber erscheint die Lektüre der Bibel spröde, sie gewinnen keinen Zugang zu ihr. Sie suchen einen Vermittler.

Ein solcher Vermittler und Freund ist Carl Hilty, Schweizer Staatsrechtslehrer (1833–1909) und Laienseelsorger, der im Laufe seines Lebens zahlreiche ethisch-religiöse Schriften verfaßt hat. Sie veralten nicht, wie alles wahrhaft Große, und so findet jede Generation immer wieder neuen Zugang zu ihm.

Ich bin sehr dankbar, daß der Verlag Herder eine Lücke schließt und aus dem Werk „Für schlaflose Nächte" eine Auswahl der schönsten Gedanken Hiltys veröffentlicht. Mögen sie vielen Menschen Lebenshilfe sein und sie dorthin führen, wo allein wahres und dauerhaftes Glück zu finden ist – zu Gott.

Veronica Carstens

EINLEITUNG

Wer nachts wach ist und wer allein auf dem Weg ist und dabei sein Herz dem Müßigen einräumt, der versündigt sich an seiner Seele.
Rabbi Chanina ben Chaninai

I

Wer war Carl Hilty, dessen Buch Sie in der Hand haben? Beginnen wir mit dem, was die Lexika über ihn zu sagen wissen: Carl Hilty wurde am 28. Februar 1833 in Werdenberg, Kanton St. Gallen, geboren, er starb am 12. Oktober 1909 in Clarens bei Montreux. Er studierte Jura in Göttingen, Heidelberg, London und Paris und wurde in Heidelberg zum Doktor der Rechte promoviert. Dann wirkte er von 1855 bis 1878 in Chur als Rechtsanwalt. Ab 1874 lehrte er als Professor in Bern zunächst schweizerisches Staatsrecht, dann auch allgemeines Staats- und Völkerrecht. Seit 1862 gehörte er zum Justizstab der Eidgenössischen Armee und wurde 1882 Oberauditor, d.h. Oberster Richter der Armee. Von 1890 bis zu seinem Tod war er Mitglied des Schweizer Nationalrats, also Parlamentarier. Noch in seinem Todesjahr wurde er als einer der Vertreter der Schweiz an den Internationalen Schiedsgerichtshof in Den Haag berufen.

Carl Hilty war nicht nur praktizierender und lehrender Jurist; er hat viele bedeutende Bücher und Artikel geschrieben. Von 1886 bis zu seinem Tod war er Herausgeber des „Politischen Jahrbuchs der Schweizer Eidgenossenschaft". Ihn interessierten aber nicht nur historische und juristische Fachfragen; er war ein engagierter Reformer: er beteiligte sich an der Diskussion um den Frieden (das gab es damals schon), kämpfte für das Frauenwahlrecht und schlug eine scharfe Klinge gegen die Wiedereinführung der Todesstrafe in der Schweiz und gegen den Alkoholmißbrauch.

II

Das ist schon viel; und es könnte ein Menschenleben ausfüllen. Aber es ist wohl nur so etwas wie die Hintergrundmusik für ein Buch wie dieses. Carl Hilty hatte noch so etwas wie einen zweiten Schreibtisch. An ihm entstanden Bücher, die eine noch größere Bedeutung und eine weitere Verbreitung hatten als seine juristischen Werke: drei Bände unter dem bezeichnenden Titel „Glück", zwei Bände „Für schlaflose Nächte"; Briefe und Erinnerungen.

Wie kam es dazu? Dieser gelehrte Jurist war zugleich ein hochgebildeter Mann, ein echter Mensch seines Jahrhunderts, der nicht nur ein Könner in seinem Fach war, sondern der Dante, Goethe, Nietzsche und Darwin studierte, dazu die Mystiker des Mittelalters; Jung-Stilling, Tersteegen, den älteren Blumhardt; der eine lebhafte Neugierde für alles hatte, das damals diskutiert wurde. Und immer wieder las er die Bibel ...

Denn schon als eben Zwanzigjährigen traf ihn so etwas wie eine Vorahnung von der Wahrheit und Schönheit des Evangeliums. Und je mehr er sich mit jenen Zeitgenossen auseinandersetzte, die Rationalismus und Materialismus priesen und predigten, desto mehr erschrak er vor der Leere, die das alles in ihm bewirkte. 1863 notierte er: „Nun habe ich den Ankergrund aller Freude und Hoffnung gefunden: das fröhliche Vertrauen zu Christus und seiner Lehre."

Wie er als akademischer Lehrer sein Fachwissen nicht für sich selbst behielt, sondern es an seine Studenten weitergab, so hat er von seinem „zweiten Schreibtisch" aus seinen Mitmenschen weitergesagt, was er an Freude, Hoffnung und Halt erfahren hatte. Diese Schriften fanden wohl darum eine so große Leserschaft, weil man spürte, daß hier jemand sprach, der das alles persönlich durchlitten und erkämpft hatte: „Es ist kein Gedanke dabei, der nicht auf eigenem Nachdenken und eigener Erfahrung im Leben beruht."

III

Was Carl Hilty seinen Lesern nahebringen wollte, nannte er – als Mensch seines Jahrhunderts – das „Christentum". Für uns hat dieses Wort einen merkwürdigen Klang; wir gebrauchen es kaum noch. Was Carl Hilty damit gemeint hat, wird sehr schön deutlich an einem Satz, der unter dem 29. Dezember in diesem Buch zu finden ist: „Das Christentum ist offenbar so gemeint gewesen: Es soll eine Gesellschaft von Menschen sein, die im Vertrauen auf Gottes Schutz und die beständige Nähe ihres Herrn ganz ruhig ihren Weg geht, soviel wie möglich Gutes tut und ihre Grundsätze durch ermutigendes Beispiel noch mehr als durch Lehre ausbreitet."

IV

Hier sei mir ein persönliches Wort erlaubt: Als ich vom Verlag den Auftrag bekommen hatte, eine Bearbeitung dieses Buches vorzunehmen, habe ich mich an die Arbeit gemacht. Und als ich fertig war, habe ich mich gefragt: Was hast du dabei gelernt?

Mir ist aufgefallen – und davon habe ich nun tatsächlich gelernt –, daß Carl Hilty gern zweierlei miteinander verbindet: Erkenntnis, Theorie und Handeln, Praxis. Seine Gedanken bewegen sich nie im luftleeren Raum. Er weist immer auf das hin, was nun folgen muß. Zum Glauben gehört bei ihm das Tun. Es geht ihm also um ein ungemein praktisches Christentum. „Stets in Gott wie in einer Festung leben,aus der man nie mehr herausgeht, immer, solange man wachen Auges ist, etwas Gutes tun und Richtiges arbeiten, fest und immer fester in allen Lebenslagen auf Gott vertrauen, das ist der alleinige unfehlbare Weg zur menschlichen Vollkommenheit und – gleichzeitig auch zur Gesundheit." Und das alles nicht zwanghaft und verkrampft, sondern so: „... das ganz natürliche, stets heitere und gegen jedermann wohlwollende Christentum zu zeigen, das sich wie von selbst versteht und keiner beständigen Aufrüttelung bedarf, sondern immer bereit ist, etwas Gutes und Rechtes zu tun, wie es sich eben als Gelegenheit anbietet."
Hier erkennt man, daß dieser Professor der Rechte, der Rich-

ter, der Parlamentarier die Bibel las mit der neugierigen Frage, welche Konsequenz er aus dieser Lektüre zu ziehen habe. Glaube und Lebensbewältigung – wir finden vieles dazu in diesem Buch, und eins folgt aus dem anderen.

V

Carl Hilty hat um die Not schlafloser Nächte gewußt. Es gibt für sie manche Gründe: Krankheit und Schmerzen, Sorgen und Leid. Carl Hilty war der nüchternen Meinung, man solle aus solchen schlaflosen Nächten das beste machen. Man solle sich nicht selbst quälen, sich nicht mit müßigen Gedanken abzulenken versuchen. Täte man das, so würde man sich nach dem Wort des jüdischen Weisen, das über diesem Vorwort steht, „an seiner Seele versündigen". Carl Hilty rät allen, die unter Schlaflosigkeit leiden, ihre Gedanken nicht ziel- und willenlos treiben zu lassen, sondern ihnen zu befehlen, wohin sie sich wenden sollen. Dabei will er helfen. Darum steht über jedem Abschnitt dieses Buches ein Datum, das mahnen will: Laß es bei diesem einen Gedanken, konzentriere dich darauf und denke ihm nach! Dann können auch schlaflose Nächte Gewinn bringen und weiterführen. Dann kann die Stille einer schlaflosen Nacht zur Kraftquelle werden.

VI

Auf Wunsch des Verlags ist das Buch (der erste Band „Für schlaflose Nächte", Leipzig und Frauenfeld 1901) bearbeitet worden. Was vorliegt, ist also nicht das Original. Ich habe weggelassen, was für den heutigen Leser nicht nachzuvollziehen ist, etwa Auseinandersetzungen mit zeitbedingten Ereignissen, Anspielungen auf Fragen, die uns unverständlich wären. Ich habe manche Ausdrücke des hochgelehrten Verfassers behutsam unserem Sprachgebrauch angepaßt, seine Neigung zu langen Satzperioden gemildert. Vor allem aber sind die Bibelstellen im Gegensatz zum Original ausgedruckt (nach der Zürcher Bibel), damit der Leser sie nicht umständlich nachschlagen muß.

Kurz, ich habe versucht, Carl Hilty so sprechen zu lassen, als würde er uns heute anreden wollen: zwar ein Mann seiner Zeit, des ausgehenden 19. Jahrhunderts, aber in Freundlichkeit denen zugetan, die ihn in unseren Tagen hören und von ihm lernen möchten.

Werner Braselmann

Januar

1. JANUAR

Suche beständig in großen Gedanken zu leben und das Kleinliche zu verachten; das führt, im allgemeinen gesprochen, am leichtesten über die vielen Beschwerden und Kümmernisse des Lebens hinweg.
Der größte und zugleich allgemein faßlichste Gedanke ist der Glaube an Gott, wie Christus ihn gelehrt hat.
Es gibt aber auch, seit jeher bis heute, ein verkümmertes, zu eng geartetes Christentum, das dem Wesen und der Lehre Christi nicht oder nicht ganz entspricht und schon viele Menschen von ihr entfernt hat.
Wenn dein Lebensglück dir am Herzen liegt, so laß dir das Christentum durch keine Theologie oder Kirchlichkeit erklären, sondern suche es selber an der Quelle, in den Evangelien, und auch in diesen vorzugsweise in den eigenen Worten Christi auf, die ihresgleichen in keiner anderen Weisheit haben:

Und alles, was ihr im Gebet gläubig erbittet, werdet ihr empfangen.
Matthäus 21,22

2. JANUAR

Wenn unser Christentum uns nicht pflichtgetreuer für die Aufgaben des täglichen Lebens und Berufes, uneigennütziger in Geldsachen, gleichgültiger gegen Reichtum und Ehre, freundlicher gegen alle Menschen, freudiger im Gemüt und hoffnungsvoller für die Zukunft macht, dann ist es noch nicht das rechte Christentum Christi. Das Wort „Christentum" muß erklärt werden. Sobald man irgend etwas anderes darunter versteht als ein Eingehen in die Art und Denkweise Christi, so ist es ein falscher Begriff, und wenn jemand überall herumfragt, was wohl eigentlich das Christentum sei, so ist es bereits ziemlich wahrscheinlich, daß er das wirkliche nicht will.
Die meisten haben leider heutzutage so viel und so lange mit der Frage in sich zu schaffen, ob sie überhaupt das Christen-

tum oder irgendeine andere Denkart oder Philosophie annehmen wollen; und wenn sie sich einmal für das Christentum, meistens aus äußeren Gründen, entschieden haben, welcher „Richtung" oder „Auffassung" desselben sie den Vorzug geben wollen, dann bleibt ihnen nicht mehr viel Zeit übrig, darüber ernstlich und gänzlich unbefangen von dem Geräusch aller Meinungen und Systeme des Tages nachzudenken, was es eigentlich ist und was es in dem Menschen, der ihm angehören will, erfordert.

3. JANUAR

Siehe, ich habe dich geläutert, doch nicht als Silber, habe dich geprüft im Ofen des Elends. Jesaja 48,10

Man kann mitunter wählen, wie stark und sogar auf welche Weise man geläutert sein will. Nur darüber muß man sich stets klar sein, daß das reine Gold nur aus einer kräftigen und öfter wiederholten Läuterung hervorgeht.
Krankheit, richtig aufgefaßt und benutzt, ist das leichteste Mittel dazu.

4. JANUAR

„Wenn ihr in mir bleibt und meine Worte in euch bleiben, so bittet, um was ihr wollt, und es wird euch zuteil werden" (Johannes 15,7). Das ist vielleicht der merkwürdigste Ausspruch der ganzen Bibel. Wenn er wahr ist, so ist ja eine stets bereite Hilfe für alle die Übel, die den Menschen während seines gesamten Erdendaseins bedrohen, vorhanden.
Dann ist es aber auch wahr, daß der, welcher dieses Wort spricht, nicht ein gewöhnlicher Mensch war.
Laß aber, wenn du lieber willst, das einstweilen noch dahingestellt sein, und versuche vorerst die Voraussetzungen zu erfül-

len, unter denen dieser Spruch stete Hilfe verheißt. Das kann dir auf keinen Fall schaden, vielleicht aber das Heil deines ganzen Lebens werden.
Schon um dieses klarsten und tröstlichsten Ausspruchs willen darf uns das vierte Evangelium nie zweifelhaft werden.

5. JANUAR

Das ganze Christentum ist eigentlich, wenn man es in einer kurzen Darstellung haben und erfassen will, in dem 3. Kapitel des Johannesevangeliums enthalten, und doch bestehen darüber unter uns die gleichen Irrtümer wie vor nahezu zwei Jahrtausenden.
Es hilft uns auch heute keine korrekte Kirchenlehre, keine Wissenschaft und keine Werktätigkeit hinreichend zum wahren Leben, solange sich nicht die Natur ändert. Das, was das Christentum will, muß dem Menschen natürlich und so geläufig und selbstverständlich werden, wie es eben alles Natürliche ist, so daß er darüber gar nicht mehr nachzudenken oder sich so etwas vorzunehmen braucht, sondern ihm im Gegenteil das dem Christentum Entgegengesetzte Widerwillen verursachen und Überwindung kosten würde. Wenn das so ist, tritt auch das sonst Unglaubliche ein, was Johannes, offenbar aus eigener Erfahrung, in seinem ersten Brief behauptet: Gottes Gebote seien gar nicht schwer; denn alles zur Natur Gewordene ist eben nicht schwer.
Denke darüber nach; dahin mußt du auch gelangen und wirst du gelangen; das ist der Zweck dieses Lebens; vorher betrachte dich ruhig, mit mir, nur als einen Freund und Schüler des Christentums. Wir befinden uns übrigens damit in ganz guter Gesellschaft; denn ich habe in meinem Leben noch nicht viele vollkommen natürliche Christen gesehen, diese aber – um der Wahrheit hierbei völlig die Ehre zu geben – in beiden Konfessionen ziemlich gleichmäßig verteilt und unter den Frauen mehr als unter den Männern.

Daran erkennen wir, daß wir die Kinder Gottes lieben, wenn wir Gott lieben und seine Gebote befolgen. Denn darin besteht die Liebe zu Gott, daß wir seine Gebote halten; und seine Gebote sind nicht schwer. Denn alles, was aus Gott gezeugt ist, überwindet die Welt; und das ist der Sieg, der die Welt überwunden hat: unser Glaube. 1. Johannesbrief 5,2–4

6. JANUAR

Kommet her zu mir alle, die ihr mühselig und beladen seid, so will ich euch Ruhe geben. Nehmet mein Joch auf euch und lernet von mir, denn ich bin sanftmütig und von Herzen demütig, so „werdet ihr Ruhe finden für eure Seelen". Denn mein Joch ist sanft und meine Last ist leicht. Matthäus 11,28–30

Das sicherste Zeichen wirklicher Weisheit ist eine stets gleichmäßig freudige Grundstimmung der Seele. Den Pessimisten oder den beständig Klagenden unter allen Weisheitslehrern ist nicht ganz zu trauen. Sie befinden sich allerhöchstens in den Anfangsstadien der wahren Weisheit oder sie sind ihr schon sehr fern.

Frage dich nun aber ernsthaft: Wie ist diese beständige Freudigkeit zu erlangen? Das ist eigentlich die größte Frage für das Leben auf Erden.

7. JANUAR

Wenn einmal deine ganze Gedankenwelt dahin gerichtet ist, beständig zu fragen: „Was kann ich im jetzigen Augenblick Gutes und Richtiges tun?", statt – wie jetzt wahrscheinlich –: „Was kann ich Schönes und Angenehmes genießen?" oder wie meine Lage zu diesem Zweck verbessern, dann wirst du eine ganz andere, befriedigendere Vorstellung von dieser Welt bekommen, in der du lebst, und überhaupt erst eigentlich wissen, was „leben" heißt.

Es wird dir damit zunächst sehr viel gleichgültiger als bisher werden, ob dein Leben etwas schwerer oder leichter sich gestaltet, wenn nur Gelegenheit zu Gutem vorhanden ist, an der es

selten fehlt; während bei der andern Lebensanschauung Unbefriedigung, Kampf, Furcht, überhaupt Unfriede innen und nach außen ganz unvermeidlich sind, selbst in den allerbesten Lebensstellungen, geschweige denn in den andern.
Das ist der wahre und große Unterschied zwischen den Menschen, neben dem alle anderen Unterschiede wenig bedeuten. Zu den zuerst Genannten halte dich.

8. JANUAR

In schweren Angelegenheiten suche zuerst das, was dabei des Dankens wert ist, und danke dafür aufrichtig. Das gibt dir die ruhigere Stimmung, in der auch das übrige erträglicher erscheint. Allmählich kann das durch beständige Übung zu einer guten Gewohnheit werden, die das Leben sehr erleichtert.

9. JANUAR

Suchet vielmehr zuerst sein Reich und seine Gerechtigkeit! dann werden euch alle diese Dinge hinzugefügt werden. Darum sorget euch nicht um den morgenden Tag; denn der morgende Tag wird seine eigne Sorge haben. Jeder Tag hat genug an seiner eignen Plage. Matthäus 6,33–34

Wenn man sich ganz in Gottes Führung begeben kann, bekommt man eine überlegene Gleichgültigkeit gegen sehr vieles, das das Leben hauptsächlich erschwert und das wir mit unserem beständigen Sorgen doch nicht ändern können. Dieser „leichte Sinn“ setzt aber voraus, daß man fest an Gott glaubt und alle seine Gebote wichtig nimmt.

10. JANUAR

Und es geschah, als Jesus diese Reden beendet hatte, erstaunte die Volksmenge über seine Lehre. Matthäus 7,28

Lies einmal die Rede, welche man jetzt die „Bergpredigt" nennt, deren Zusammenfassung auf uns gelangt ist, aufmerksam durch und sieh, ob du auch darüber „erstaunst" oder das alles für „ideale" Vorschriften hältst, die man in diesem Sinn annehmen und verstehen müsse, aber nicht auszuführen brauche. Von dieser Prüfung und Antwort hängt dein innerer Fortschritt ab. Willst du nicht wenigstens lebhaft wünschen, dieses alles befolgen zu können, dann ist das Christentum nichts für dich, sondern du mußt dich mit ein wenig Kirchlichkeit oder Philosophie begnügen.
Man hat, wenn man solche Kapitel der Evangelien ganz unbefangen liest, das Gefühl, das Christentum müsse von einzelnen Menschen ganz von neuem angefangen und von dem ungeheuren Ballast von oberflächlicher Kirchlichkeit befreit werden, mit dem es die Jahrhunderte überschüttet haben.
Eine solche Zeit, in der die einen ihm rundweg den Gehorsam aufkünden, die anderen aber ihm, um seiner inneren Wahrheit willen, nur um so vertrauensvoller und fester sich zuwenden, kommt jetzt heran.

11. JANUAR

Es wäre in der Tat eine gewaltige Torheit, die Regeln der Bergpredigt aufstellen oder allein für sich selbst befolgen zu wollen, wenn es keinen Gott, sondern nur eine naturgeschichtliche Weltordnung und einen bloßen „Kampf ums Dasein" unter den Menschen oder im Großen nur eine sogenannte „Realpolitik" gäbe. Gibt es aber einen Gott und seinen Segen für die treue Befolgung dieser Gebote und umgekehrt, so steht die Sache ganz anders. Das kann zum Glück von jedermann versucht werden; das braucht man nicht lediglich zu glauben.

Da antwortete ihnen Jesus und sprach: Meine Lehre ist nicht mein, sondern dessen, der mich gesandt hat; wenn jemand seinen Willen tun will, wird er erkennen, ob die Lehre aus Gott ist oder ob ich von mir aus rede.
Johannes 7, 16–17

Jesus redete nun wiederum zu ihnen und sprach: Ich bin das Licht der Welt. Wer mir nachfolgt, wird nicht in der Finsternis wandeln, sondern er wird das Licht des Lebens haben. Johannes 8, 12

12. JANUAR

Es ist eine ziemlich verbreitete Ansicht, daß es zu schwer oder vielmehr gar nicht möglich sei, nach den wirklichen Vorschriften des Christentums zu leben. Wenn dies wahr sein sollte, so wäre es ebensogut, eine solche Religion aufzugeben, statt sie bloß pro forma, zu lediglich kirchlichen oder politischen Zwecken, beizubehalten. In der Tat würde wahrscheinlich, wenn Christus selber wieder auf Erden erschiene, das „ganze Jerusalem" ebenso sehr in Schrecken geraten wie das erste Mal. Wir glauben aber nicht, daß diese Ansicht jemals von einem Menschen geteilt oder gar ausgesprochen wurde, der den Glauben an Christus wirklich gefunden hat. Dann überwiegt das Schöne und Große bei weitem die Schwierigkeit. Der Anfang ist wohl ein Versuchen und Wagen; aber nicht der Fortgang. Der ist vielmehr ein sehr geebneter, wenn auch schmaler Pfad mit vielen Ruhepunkten und offenen Türen.

13. JANUAR

Denn wir kennen den, der gesagt hat:
„Mir gehört die Rache, ich will vergelten",
und wiederum:
„Der Herr wird sein Volk richten."
Hebräerbrief 10, 30

Daß man allen Beleidigern verzeihen soll, ist zweifellos durch Wort und Tat unseres Herrn und durch die Erfahrung bestä-

tigt. Daß nachgetragener Haß am inneren Leben zehrt und dem Hassenden mehr Schaden zufügt als dem Gehaßten, ist bekannt.
Dennoch ist es mitunter schwer, augenblicklich völlig zu verzeihen, und die halbe, heuchlerische Verzeihung mit Redensarten wie: „Verzeihen kann ich es wohl, vergessen aber nie“, oder „Gott möge dir verzeihen“, ist unwürdig und für Gott beleidigend, der das nicht ruhig hinnimmt.
Es ist in solchen Fällen viel besser, wenigstens einstweilen die Rache aufzugeben und sie Gott zu überlassen, der sie dann auch pünktlich vollzieht, soweit Grund dazu vorhanden ist. Das bringt der Mensch leichter über sich, und nach und nach mildert dann die Zeit und die Gnade Gottes auch das Gefühl der Kränkung, wenn es nicht mehr durch Vergeltungspläne stets genährt wird.

14. JANUAR

Zanke niemals in Gedanken mit jemandem. Das verbittert das Gemüt oft mehr als ein wirklicher Streit und ist die Ursache vieler innerer Unruhe. „Zürnen mit Geliebten“ namentlich „streut Wahnsinn auf den Scheitel“, wie ein jüdisches Sprichwort sagt.

15. JANUAR

Ich muß das leiden (jetzt), aber die rechte Hand des Höchsten kann alles (bald) ändern. Psalm 77, 11

Wer diese Worte aus aufrichtigem Herzen und mit voller Zustimmung nachsprechen kann, der ist über sein Leiden hinaus zum inneren Frieden und Gleichgewicht gekommen. Nicht bloß scheinbar erhaben darüber; das kommt in Wahrheit selten vor.

16. JANUAR

Es kann nicht alles, was du wünschst und dir erbittest, sofort geschehen. Es muß manches vorher noch wachsen und erstarken in dir und anderen und gewissermaßen auf natürlichem Wege vor sich gehen, selbst wenn es ein Wunder der Gnade ist. Das ist auch nicht die alleinige Hauptsache für das eigene Gefühl, daß man etwas hat; sondern die feste Überzeugung etwas zu bekommen, ist fast ebensogut wie der vollendete Besitz.

17. JANUAR

Euch allein habe ich erwählt vor allen Geschlechtern der Erde; darum suche ich an euch heim all eure Schuld. Amos 3, 2

Dieser Satz enthält eine sehr gute Erklärung für sehr viele Leiden der Guten, die sonst unerklärlich gefunden werden und manche Leute am Glauben an die Gerechtigkeit Gottes irre werden lassen.

Der Gerechte muß viel leiden; aber aus dem allem errettet ihn der Herr. Psalm 34, 20

Das ist ein Wort, vor Tausenden von Jahren schon gesprochen, das in aller Kürze das enthält, wessen sich die Guten auf dieser Welt zu versehen haben. Sie müssen viel leiden; anders gelangen sie nicht zu der wirklichen Güte, die sie erreichen sollen. Daraus entstehen alle Irrtümer, falschen Wege und wirklich schweren Schicksale der Guten, daß sie diesem Leiden beständig ausweichen und es ebenso gut und leicht haben wollen, wie sie es an manchen „Kindern der Welt" sehen oder wenigstens zu sehen vermeinen. Das ist ein Irrtum, von dem sie sich gänzlich befreien lassen müssen. Viel Leiden, das ist unausweichlich; darein ergib dich also und fasse dich, so bald und so vollständig als möglich; erst dann bist du auf dem geraden Wege des Fortschritts zum Vollkommenen.

Ich strafe und züchtige alle, die ich liebhabe. So sei nun eifrig und tue Buße! Offenbarung 3, 19

Denn wen der Herr liebhat, den züchtigt er, er geißelt aber jeden Sohn, den er annimmt. Hebräerbrief 12, 6

Denn wen der Herr liebhat, den züchtigt er wie ein Vater den Sohn, dem er wohlwill. Sprüche 3, 12

Indem wir aber gerichtet werden, werden wir vom Herrn gezüchtigt, damit wir nicht mit der Welt verurteilt werden. 1. Korintherbrief 11, 32

Der du uns schauen ließest viel Angst und Not, du wirst uns wieder beleben, uns wieder heraufführen aus den Tiefen der Erde. Psalm 71, 20

Mag Leib und Sinn mir schwinden, Gott ist ewiglich mein Fels und mein Teil. Psalm 73, 26

Ein Licht erstrahlt dem Gerechten und Freude den redlichen Herzen. Psalm 97, 11

Von schlimmer Kunde hat er nichts zu befürchten; sein Herz ist fest und vertraut auf den Herrn. Psalm 112, 7

Der *Trost*, der unmittelbar daneben steht, ist der, daß Gott solchen willig Leidenden näher ist als allen anderen, so daß ihnen nicht nur das Leiden selbst erträglich gemacht wird, sondern auch alles einen guten Ausgang nimmt.
Ohne diesen Trost würde niemand den „schmalen Weg" gehen können; mit ihm aber sind schon viele in vielen und großen Leiden glücklich gewesen.

18. JANUAR

„Mit Schweigen niemand fehlen tut." Dieses etwas sonderbare Wort pflegte einer meiner liebsten Freunde, der sich durch ein sehr erfolgreiches Leben in den verschiedensten Lebensstellungen auszeichnete, stets im Mund zu führen. In der Tat gehen sehr viele schwierige und unangenehme Lebenskomplikationen oft damit am leichtesten vorüber, während das sogenannte „sich aussprechen", das manche Leute lieben, meistens die Differenzen nur sichtbarer und mitunter unheilbar macht.

19. JANUAR

Auch im schriftlichen Verkehr ist es ein bewährtes Mittel, um vielen unangenehmen Erörterungen das Wort abzuschneiden, wenn man auf das, was man nicht will, gar nicht antwortet und sich auch durch keine Wiederholungen dazu bewegen läßt. Die weitaus meisten Menschen geben den Versuch dazu schon nach dem zweiten Mal auf.
Man darf aber nicht zu offenbarem Unrecht schweigen, das man ändern könnte und sollte, und auch nicht mit innerem Haß.

20. JANUAR

Ein schönes Wort eines ganz materialistischen Philosophen geht dahin, daß man sich jedes Elends, das man sieht, schämen sollte. Das ist auch das natürliche Gefühl unverdorbener und nicht in Reichtum oder Armut hartgewordener Herzen. Dieser unangenehmen Empfindung wegen vermeiden aber viele den Anblick des Elends, und gerade das darf nicht sein.

21. JANUAR

Solange der Mensch nicht mit dem Verstand begreift, daß der Egoismus stets üble Folgen für ihn selber hat, bleibt der Glaube, der ihm dies auch sagt, meistens ein recht schwächliches Ding, von wenig wirklichem Einfluß auf das Leben. Wem aber diese Einsicht kommt, der macht einen Riesenschritt vorwärts.

22. JANUAR

Das Himmelreich auf Erden beginnt, wenn der Mensch außer der beständigen Verbindung mit Gott nichts mehr lebhaft wünscht. Etwas anderes kann auch kein künftiger Himmel sein, und ebenso kann vernünftigerweise nicht angenommen werden, daß ein Mensch ohne diese Bereitschaft in einen solchen paßte und sich darin wohlfühlen würde.

23. JANUAR

Nur nicht rückwärtsschauen, sondern immer vorwärts, zuletzt immer über dieses Leben hinaus. Rückwärtsschauen nützt gar nichts, außer um etwas gutzumachen, das noch zu verbessern ist, vor begangenen Fehlern sich hinfort zu hüten und empfangene Wohltaten dankbar zu vergelten.

24. JANUAR

In ebendieser Stunde sprach er frohlockend, erfüllt vom heiligen Geist: Ich preise dich, Vater, Herr des Himmels und der Erde, daß du dies vor Weisen und Verständigen verborgen und es Unmündigen geoffenbart hast. Ja, Vater, denn so ist es wohlgefällig gewesen vor dir. Alles ist mir von meinem Vater übergeben worden, und niemand weiß, wer der Sohn ist, als nur der Vater, und wer der Vater ist (weiß niemand) als nur der Sohn und wem es der Sohn offenbaren will. Und er wandte sich zu den Jüngern im besondern und sprach: Selig sind die Augen,die sehen,was ihr seht. Lukas 10,21–23

Mit der Theologie halte dich auf einem friedlichen Achtungsfuß. Sie ist als Wissenschaft so viel wert wie andere Wissenschaften, nicht mehr.
Bei der Beurteilung derer, die ein geistliches Amt haben, von den höchsten Würdenträgern der Kirchen bis zum Missionar oder der Diakonisse und barmherzigen Schwester, kommt es für uns Laien wesentlich nur darauf an, ob sie eine der großen

geistlichen Gaben: des Trostes, des wirksamen Bittens (Johannes 15,7), der Krankenheilung (Markus 3,15; 16,17.18), der Vergebung (Matthäus 18,18; Johannes 20,23) und der Weissagung (genauer gesagt: des richtigen Blickes für die Gegenwart und Zukunft, oder des Geistes der Wahrheit, Johannes 17,17; 1. Johannes 5,20) besitzen.
Alles übrige: theologische Gelehrsamkeit, kirchlichen Eifer, Talent zur Predigt oder was immer sonst, komme nur in zweiter Linie in Betracht, ist sogar mitunter ein Hindernis für den Empfang der genannten Gaben. Sie können auch nicht erlernt und noch viel weniger durch irgendeine Ordination übertragen werden, sondern sind eine direkte göttliche Legitimation und heute noch so gut wie jemals möglich.

Wehe euch Gesetzeskundigen, daß ihr den Schlüssel der Erkenntnis weggenommen habt; ihr selbst seid nicht hineingekommen, und die, welche hinein wollten, habt ihr daran verhindert. Lukas 11,52

Es liegt an denen, die ein geistliches Amt ausüben, selbst, wenn diese Gaben bei ihnen nicht immer hinreichend vorhanden sind, und dieser Mangel, nichts anderes ist der wahre Grund, weshalb sie zeitweise Bedeutung und Einfluß verlieren. Vertraue dich daher keiner Art von geistlicher Führung an, bei der nicht wenigstens etwas von diesen Gaben bemerkbar ist.

Nadab und Abihu aber, die Söhne Aarons, nahmen ein jeder seine Räucherpfanne, taten Feuer darein und legten Räucherwerk darauf und brachten so vor dem Herrn ein ungehöriges Feueropfer dar, das er ihnen nicht geboten hatte. Da ging Feuer aus von dem Herrn und verzehrte sie, so daß sie vor dem Herrn starben. Da sprach Mose zu Aaron: Das ist es, was der Herr gemeint hat, als er sprach:
Die mir nahe stehen,
an ihnen erweise ich mich heilig,
und vor allem Volk
verherrliche ich mich.
Und Aaron schwieg.
3. Mose 10,1–3

Das kommt noch heute vor bei Menschen, die das Wort Gottes, das ihnen anvertraut ist, bloß geschäftsmäßig, zu politischen oder kirchlichen Zwecken verkünden, und nicht so, wie

sie es schuldig sind. Der Untergang ihres geistigen Lebens ist die Folge.
Es muß zu allen Zeiten und in jedem Volk eine Anzahl von Leuten geben, die mit sich und der Welt abgeschlossen haben, keine Wünsche für sich selbst mehr besitzen und nur noch in richtiger Weise zur Hilfe für andere da sind. Das ist der wahre „Klerus"; der andere, wenn er diese Eigenschaften nicht besitzt, hat wenig Wert. Wenn du dich imstande fühlst, dazu zu gehören, so laß dich selbst durch eine Krone nicht davon abhalten. Auch die wäre nur noch etwas wert, wenn sie mit dieser Gesinnung getragen würde.

25. JANUAR

Daß man in der Gnade Gottes steht, wird gewöhnlich an zwei Dingen deutlich: zunächst an einer oft ganz plötzlich und ohne äußere Veranlassung eintretenden ganz überirdischen Freude und Gelöstheit; sicherer aber noch daran, daß diesen Menschen nie etwas gelingt, was mit Egoismus verknüpft ist (was bei tausend anderen der Fall ist), dagegen Schweres und Ungewöhnliches merkwürdig wohl und leicht.
Im übrigen ist es müßig, darüber nachzudenken, ob man diese Gnade besitze oder nicht. Wer sie aufrichtig wünscht und bereit ist, sie allen anderen Lebensgütern vorzuziehen, der bekommt sie ohne alle sonstigen Opfer oder Veranstaltungen; ja er hat sie vielmehr schon, und die genannten Zeichen werden auch folgen, so daß er bald nicht mehr daran zweifeln kann.

26. JANUAR

Der Weg zum wahren Leben hat folgende Stationen:
Zuerst „wendet euch" von allen unbefriedigenden Zielen zu Gott; vom Bösen oder der Gleichgültigkeit zum Guten: „Wendet euch zu mir und laßt euch retten, alle Enden der Erde, denn ich bin Gott und keiner sonst" (Jesaja 45,22).

Sodann „trachtet zuerst nach dem Reich Gottes", d. h., vorzugsweise, nicht nebenher oder verbunden mit anderem Streben: „Suchet vielmehr zuerst das Reich und seine Gerechtigkeit! dann werden euch alle diese Dinge hinzugefügt werden" (Matthäus 6, 33).
Dann folgt die Zuversicht, alles wirklich Nötige und Wohltätige stets haben zu können. „Wenn ihr in mir bleibt und meine Worte in euch bleiben, so bittet, um was ihr wollt, und es wird euch zuteil werden" (Johannes 15, 7). „Bittet, so werdet ihr empfangen, damit eure Freude vollkommen sei!" (Johannes 16, 24b).
Daraus folgt endlich notwendigerweise der beständige innere Friede und die Überwindung der Welt, in der nichts als Angst und Sorge ist, selbst in den besten Schicksalen: „Dies habe ich zu euch geredet, damit ihr in mir Frieden habt. In der Welt habt ihr Angst; aber seid getrost, ich habe die Welt überwunden" (Johannes 16, 33).
Das Leben ist ein beständiges Überwinden oder Überwundenwerden; einen anderen Weg gibt es nicht, für keinen auf Erden.

27. JANUAR

Schlechte Lektüre ist viel schädlicher als schlechter Umgang, weil kein Mensch das ausschließlich Schlechte und Verkehrte so in sich verkörpern und dabei auch noch schön erscheinen lassen kann wie es ein Gebilde der Phantasie vermag. Ferner weil man vor schlechten Menschen auf der Hut ist, während das Lesen oft wahllos geschieht. Ein Buch kann das Unglück – wie allerdings auch das Glück – eines ganzen Lebens herbeiführen. Darum hüte dich vor Unbedachtsamkeit.

28. JANUAR

Du sagst vielleicht, du könntest nicht an Gott und an Christus glauben, dein Verstand stelle sich solchen metaphysischen Anschauungen entgegen. Tatsächlich ist vielleicht beides wahr; aber es ist dennoch nicht der Verstand, sondern in erster Linie eine Neigung anderer Art, die zwischen dir und dem Glauben-Können steht. Der Vertand muß bloß rechtfertigen, was der Wille schon beschlossen hat. Im umgekehrten Fall wird man über die Verstandesbedenken immer hinwegkommen.
Darum sagt die Bibel, die Sünde sei der Menschen Verderben. Sünde ist aber jede Neigung, neben welcher der Gedanke an Gott nicht bestehen kann.
Das steht zwischen dir und deinem Lebensglück; glaube es nur, suche es auf und beseitige es, dann kommt der Glaube ziemlich leicht und ganz von selber.

29. JANUAR

Es bedarf durchaus keiner besonderen Stunden oder Zeiten oder Stellungen und Gebärden zum Verkehr mit Gott. Im Gegenteil: Die einfachste Art des Sprechens oder auch bloß des Denkens ist dazu vollkommen genügend, und viele äußeren Veranstaltungen sind eher hinderlich. Das Beste ist die beständige Verbindung mit unserem Herrn, die der Apostel Paulus das „Beten ohne Unterlaß“ nennt: „Betet ohne Unterlaß“ (1. Thessalonicherbrief 5,17).

30. JANUAR

Man muß nicht bloß einfach, aufrichtig und ohne jeden Formalismus bitten, was eine recht seltene Kunst geworden ist, sondern man muß auch die Antwort hören können. Dazu gehört ein feines, vom Geräusch des Tages und der Eigenliebe ganz unbehindertes inneres Ohr.

Viele dagegen sagen nur ihren Spruch her und gehen nachher davon. Oder sie tauchen den Löffel in die Suppe, wie wenn gar nichts Wirkliches geschehen wäre, noch eine Antwort überhaupt zu erwarten sei.

31. JANUAR

Die Sünder erbeben in Zion, Zittern ergreift die Ruchlosen: Wer kann denn weilen bei dem verzehrenden Feuer? wer kann denn weilen bei den ewigen Gluten? Jesaja 33, 14

Die wahrhaft hilfreichen Menschen in der Welt sind die, welche „bei den ewigen Gluten weilen können", die anderen helfen uns nicht mehr, als wir uns selbst helfen können.

Februar

1. FEBRUAR

Darum sorget euch nicht um den morgenden Tag; denn der morgende Tag wird seine eigene Sorge haben. Jeder Tag hat genug an seiner eigenen Plage. Matthäus 6, 34

In diesem Wort ist der Nachsatz so einleuchtend, daß jedermann sofort sagt, er würde gern auch dem Vordersatz beistimmen, wenn er nur ausführbar wäre. Das Leben würde ja dadurch um vieles leichter. Er ist ausführbar, aber nur unter Gottes Führung, die viel klüger und namentlich in ihrem Tun rechtzeitiger ist als die größte menschliche Klugheit, die oft eine starke Verkennung der Umstände und der eigenen Kraft zuläßt und ungemein oft „ihren Fuß in einen noch zu großen Schuh stellt".

2. FEBRUAR

Das ist das größte Hindernis, das dem Christentum in der Welt jederzeit entgegensteht: Ein Mensch, der ohne Christus lebt, hält es für unmöglich, nach seinen Weisungen zu leben. Das ist ganz natürlich, da der Mensch eben anders werden muß. Nicht der gleiche, sondern ein anderer denkt und handelt später anders als bisher; vorläufig aber muß noch der gleiche den ersten „Sprung ins Dunkle" wagen. Daß er das tut, dazu gehört freilich das, was Augustinus und Calvin „Gnadenwahl" nennen, die aber allen Menschen ein oder das andere Mal in ihrem Leben nahetritt und dann ergriffen und benutzt werden muß.

3. FEBRUAR

Furcht ist immer das Anzeichen von etwas Unrichtigem. Suche das auf und überwinde es gründlich, so wird sie dir statt einer Plage ein sicherer Wegweiser zum richtigen Leben werden.

Wir sind zum Vollkommenwerden verpflichtet, und wir können alles bekommen, was dazu gehört an Kraft und Einsichten, wenn wir recht wollen. Den meisten Menschen aber wäre eine gewisse Vollkommenheit gar nicht recht, selbst wenn sie ihnen aufgezwungen würde. Ihre Seele klebt zu sehr am Staub.

Rede mit der ganzen Gemeinde der Israeliten und sprich zu ihnen: Ihr sollt heilig sein, denn ich bin heilig, der Herr, euer Gott. 3. Mose 19,2

Ihr nun sollt vollkommen sein, wie euer himmlischer Vater vollkommen ist. Matthäus 5,48

4. FEBRUAR

Jesus aber rief sie zu sich und sprach: Ihr wißt, daß die Fürsten der Völker sie knechten und die Großen über sie Gewalt üben. Unter euch soll es nicht so sein, sondern wer unter euch groß sein will, sei euer Diener, und wer unter euch der Erste sein will, sei euer Knecht, wie der Sohn des Menschen nicht gekommen ist, damit ihm gedient werde, sondern damit er diene und sein Leben gebe als Lösegeld für viele. Matthäus 20,25–28

Selbst den besten Menschen geht dieses Wort Christi nur schwer und nach vielen schmerzlichen Erfahrungen ein. Sie möchten doch nicht immer nur dienen, nie zu einem ruhigen, bescheidenen Genuß auch ihres eigenen Daseins kommen, und Worte, wie die des Propheten Jesaja „Der Gerechte kommt um, und niemand nimmt es zu Herzen" (57,1a), kommen ihnen fast wie eine Gotteslästerung vor. Sogar Christus, der sich dessen doch voll bewußt war, ist es hier und da offenbar nicht leicht geworden, das schwere Gewicht einer Sendung zu tragen, für welche die meisten Menschen nie viel Geschmack und Verständnis besitzen werden. Jedenfalls denke nicht,daß du die besonderen „Gaben" des Tröstens, der Heilung, der Vergebung, die auch noch heute so gut wie damals möglich sind, empfangen wirst, wenn du sie nicht zum Dienen gebrauchen willst. Die Kräfte sind immer bereit für Leute, die dazu bereit sind, sie richtig zu gebrauchen.

5. FEBRUAR

Die Tatsache, daß es einen Gott gibt und Vollkommenheit und Güte sein Wesen ist, muß uns für dieses Erdenleben genügen; im übrigen zweifeln wir nicht, daß er unendlich viel großartiger in der Beurteilung der menschlichen Handlungen ist, als wir es uns vorstellen können und oft sogar wünschten. Begreifen und definieren oder formulieren können wir Gott nicht, wohl aber lieben und dann das erfahren, was schon dem alten Gottesvolk zugesagt worden ist und was sich noch heute ganz so erfahren läßt:

Wenn jemand ein Feld oder einen Weinberg abweiden und sein Vieh dabei frei laufen läßt, so daß es auf dem Felde eines andern weidet, so soll er mit dem Besten (vom Ertrage) seines Feldes oder seines Weinbergs Ersatz leisten. Wenn Feuer ausbricht und Dorngestrüpp ergreift, und es wird so ein Garbenhaufen oder das Korn, das noch steht, oder das Feld zerstört, so soll der, der das Feuer angezündet hat, Ersatz leisten. 2. Mose 22, 5–6

Siehe ich schließe einen Bund: vor deinem ganzen Volk will ich Wunder tun, dergleichen nicht gewirkt worden sind auf der ganzen Erde und unter allen Völkern, und das ganze Volk, unter dem du weilst, soll das Tun des Herrn sehen; denn furchtbar ist, was ich für dich tun werde. 2. Mose 34, 10

6. FEBRUAR

Hierauf kehrte er zu dem Gottesmann zurück, er und sein ganzes Gefolge. Und als er hinkam, trat er vor ihn und sprach: Sieh, jetzt weiß ich, daß es keinen Gott gibt auf der ganzen Welt als in Israel. Und nun nimm doch ein Geschenk an von deinem Knechte. Er aber sprach: So wahr der Herr lebt, in dessen Dienst ich stehe: ich nehme nichts. Und er drang in ihn, es zu nehmen; aber er wollte nicht. Da sagte Naeman: Wenn also nicht, so möge man doch deinem Knechte eine Last Erde geben, soviel zwei Maultiere tragen können. Denn dein Knecht will nicht mehr andern Göttern Brandopfer und Schlachtopfer darbringen, sondern nur dem Herrn. Doch darin wolle der Herr deinem Knecht verzeihen: wenn mein König in den Tempel Rimmons geht, um dort anzubeten, und sich dabei auf meinen Arm stützt und auch ich dann im Tempel Rimmons niederfalle, wenn er daselbst niederfällt, so möge der Herr doch deinem Knechte in dieser Sache verzeihen! Er sprach zu ihm: Zieh hin in Frieden! 2. Könige 5, 15–19a

Da hob Nebukadnezar an und sprach: Gepriesen sei der Gott Sadrachs, Mesachs und Abed-Negos, der seinen Engel gesandt und seine Diener gerettet hat, die auf ihn vertraut, den königlichen Befehl übertreten und ihren Leib dahingegeben haben, damit sie keinen Gott verehren und anbeten müßten außer ihren Gott. Daniel 3,28

Er errettet und er befreit, er tut Zeichen und Wunder am Himmel und auf Erden, er, der Daniel aus der Gewalt der Löwen errettet hat! Daniel 6,27

Es wird niemals gelingen, die Religionsgeschichte zivilisierter Völker gänzlich von derjenigen des Volkes Israel abzulösen. Diese hat im Christentum ihre nach unserer Auffassung notwendige „Refom“ gefunden. Die Juden sehen dies als eine unberechtigte „Revolution“ an, so wie sich der Katholizismus gegenüber dem Protestantismus verhält. Wie sich diese Gegensätze einmal auflösen werden, darüber mag der Leser selber nachdenken. Daß es geschehen wird, ist sicher, weil diese drei Glaubensweisen den gleichen Urgrund und Ausgangspunkt haben: den „Gott Israels“, welcher der einzige „wahre Gott“ ist. Gott ist ganz gewiß etwas unendlich viel Großartigeres als alle menschlichen „Gottesbegriffe“, die jemals ersonnen worden sind.
Wir würden daher gut tun, unsere ganze Dogmatik oder Philosophie beiseitezuschieben und einfach an den historischen „Gott Israels“ und „Gott Christi“ zu glauben, der sich in tatsächlichen Ereignissen dokumentierte, die schon uralte mächtigste Könige anzuerkennen gezwungen waren und der sich noch heute ganz gleich erkennbar macht.
Daß die Weltordnung damals wie jetzt auf Freiwilligkeit beruht, die das Böse wie das Gute geschehen läßt, und dem letzteren den Sieg nur sichert, wenn es ganz gut ist, inzwischen aber das Böse durch Böses zu vernichten, „die Toten durch Tote zu begraben“ weiß, das ist Gottes allein würdig und mutet uns manchmal wie eine erhabene Ironie über das verkehrte Wesen und Treiben der kleinen Menschlein an, die das mit ihrer rasch vorübergehenden Weisheit meinen ändern zu können.

Warum toben die Völker
und sinnen die Nationen vergebliche Dinge?
Könige der Erde stehen auf,
und Fürsten ratschlagen miteinander wider den Herrn
und seinen Gesalbten:
„Laßt uns zerreißen ihre Bande
und von uns werfen ihre Fesseln!"
Der im Himmel thronet, lacht,
der Herr spottet ihrer.
Psalm 2, 1–4

7. FEBRUAR

Liebe ist ein täuschendes oder wenigstens oft nicht durchführbares Wort; gegenüber den Menschen ist Mitleid das richtige Gefühl, gegenüber Gott Vertrauen und Dankbarkeit der eigentliche Ausdruck der Liebe.
Alle Menschen wirklich lieben zu wollen, das geht einfach nicht und führt nur zu großen Täuschungen und schließlich zu Pessimismus. Aber gegen alle freundlich sein und gegen alle Mitleid, niemals Haß, Furcht oder Zorn empfinden, das kann man.
Diejenigen, die sehr viel von „christlicher Liebe" zu sprechen pflegen, können gerade das oft nicht.

8. FEBRUAR

Wir müssen ein Glück kennen, auf dieser Welt schon, das stets, unter allen Umständen und für alle zu haben ist und das Herz, mag im übrigen unser Zustand sein, wie er wolle, immer mit Freude erfüllen kann. Das zu beschaffen, wäre die Aufgabe der Philosophie; sonst hilft sie uns eigentlich wenig mit allen ihren „Systemen".
Erfahrungsgemäß leistet das aber nur der Glaube an Gott und seine erfahrene Nähe, daneben eine nützliche Arbeit. Ich

kenne wenigstens kein anderes, unfehlbares Mittel, und meines Wissens hat auch bisher noch niemand ein anderes entdeckt.

9. FEBRUAR

Das Verhältnis zu Gott muß vor allen Dingen von unserer Seite ganz und gar aufrichtig sein. Es verträgt eher große Schwankungen und sogar völlige Untreue, der eine Umkehr folgt, als kühle Gleichgültigkeit oder irgendwelchen Formalismus mit bloßen Pflichtleistungen.
Das ist schon so bei einer echten menschlichen Freundschaft, die auch nicht durch ein bloßes Pflichtgefühl erhalten wird.

10. FEBRUAR

Die Lehre vom „Zorn Gottes", der nur durch das Leiden und Sterben Christi, gewissermaßen mit Blut, hätte gestillt werden können, habe ich nie ganz begriffen. Wenn Gott einen solchen Zorn über uns gehabt hätte, würde er uns diesen Erlöser gar nicht gesandt haben. Darin liegt ja schon die Vergebung, und Christus hatte doch nicht bloß rasch zu leiden und zu sterben, sondern auch vorher zu leben und zu zeigen, daß und wie ein besseres Leben möglich sei. In diesem Leben sollen wir ihm nachfolgen und dabei auch unser Teil an Leiden und Glaubensprüfungen geduldig annehmen und im Aufblick zu ihm überwinden.
Dieses Leben unseres Herrn wäre allerdings nicht vollständig gewesen ohne den Schlußakt eines solchen Todes und einer Auferstehung. Er hat das Größte tun und das Schwerste leiden müssen, damit wir das viel Geringere, das uns betreffen mag, auch für möglich halten und tun, zumal wir jetzt außer unserer eigenen auch seine Kraft und seine Verheißungen besitzen, die schon vielen über Not und Tod hinweggeholfen haben.

Das Blut dieses Opfers macht uns nicht von selber rein, so wenig wie das Wasser der Taufe, sondern die dankbare Annahme des Opfers für uns und die Liebe zu ihm und zu Gott, die daraus folgt.

11. FEBRUAR

Christus hat selber niemals Gott als einen zornigen Vater dargestellt, schon gar nicht in dem Gleichnis vom verlorenen Sohn, wo dies am nächsten gelegen hätte. Auch das Alte Testament hat diese Auffassung in seinen schönsten Stellen nicht:

Gedenket nicht mehr der früheren Dinge, und des Vergangenen achtet nicht. Siehe, nun schaffe ich Neues; schon sproßt es, gewahrt ihr es nicht? Ja, ich lege durch die Wüste einen Weg und Ströme durch die Einöde. Mich werden ehren die Tiere des Feldes, Schakale und Strauße; denn ich schaffe in der Wüste Wasser und Ströme in der Einöde, damit ich tränke mein erwähltes Volk, das Volk, das ich mir gebildet habe. Meinen Ruhm werden sie verkünden.Doch nicht mich hast du angerufen, Jakob, nicht um mich dich gemüht, Israel, hast mir nicht dargebracht die Schafe deiner Brandopfer, mit deinen Schlachtopfern mich nicht geehrt. Mit Speiseopfern habe ich dich nicht beschwert, habe dich nicht bemüht um Weihrauch. Du hast für mich nicht Würzrohr gekauft um Silber, mit dem Fett deiner Opfer mich nicht gelabt. Nein, du hast mich belästigt mit deinen Sünden, mir Mühe gemacht mit all deiner Verschuldung. Ich, ich tilge deine Missetaten um meinetwillen, und deiner Sünden will ich nimmermehr gedenken.

Jesaja 43, 18–25

Um meines Namens willen halte ich hin meinen Zorn, und um meines Ruhmes willen verschone ich dich, daß ich dich nicht ausrotte. Siehe, ich habe dich geläutert, doch nicht als Silber, habe dich geprüft im Ofen des Elends. Um meinetwillen, um meinetwillen tue ich es – denn wie wird mein Name entweiht! – und meine Ehre gebe ich keinem andern.

Jesaja 48, 9–11

Die Menschen aber haben es später zustandegebracht, mit dieser Art von „Gottesfurcht" vielen Millionen den Gottesglauben verhaßt zu machen. Der „Zorn" Gottes besteht wesentlich darin, daß er sich aus unserem Herzen entfernt, wodurch das Dasein, trotz aller irdischen Schätze und aller Fortschritte, in-

nerlich öde und trostlos wird. Die Landschaft ist die gleiche; aber die Sonne fehlt, und der Segen, der in dem menschlichen Tun liegen sollte und könnte, ist nicht vorhanden.
Diese Strafe tritt ganz von selbst ein; sie liegt in der göttlichen unabänderbaren Weltordnung, die freventlich mißachtet wird; aber auch die Versöhnung ist gewiß, wenn sich der Mensch aufrichtig zu Gott zurückwendet.

12. FEBRUAR

Es ist ja doch zu wenig Liebe und zu viel Egoismus in der Welt, sagen die Pessimisten, darum wollen wir diese erbärmliche Menschheit auch aufgeben und verachten.
Der Vordersatz ist unbestreitbar richtig, aber die Schlußfolgerung nicht. Darum wollen wir wenigstens noch so viel Liebe und so wenig Egoismus als möglich hinzutun.
Dessen sei aber absolut gewiß: Wenn du nicht ein anderes Herz bekommst, das Gott über alles liebt und allen Geschöpfen von Herzen zugeneigt ist, so ist alles, was du von Religion, Humanität oder Menschenliebe sprichst, noch ein ziemlich leeres Geschwätz. Dann ist der natürliche Egoismus das wahrheitsgetreuere System für dich, ganz gleich, ob du „kirchlich" gesinnt bist oder nicht. Dieses „andere" Herz, das dem Egoismus allein überlegen ist, hat kein Mensch von Natur aus und kann es sich auch erfahrungsgemäß durch keinerlei Anstrengung des Denkens oder Wollens verschaffen. Das ist der Grund, weshalb man bei einiger Menschenkenntnis und Lebenserfahrung eine Befreiung oder „Erlösung" durch eine außerhalb des Menschen stehende Macht annehmen muß, die übrigens schon im Alten Testament vielfach zugesagt ist:

Siehe ich habe dich geläutert, doch nicht als Silber, habe ich dich geprüft im Ofen des Elends. Jesaja 48, 10

Denn siehe, ich schaffe einen neuen Himmel und eine neue Erde; man wird der früheren Dinge nicht mehr gedenken, und niemand wird sich ihrer mehr erinnern, sondern man wird frohlocken und jubeln auf ewig über das, was ich schaffe. Denn siehe, ich wandle Jerusalem zu Jubel um und sein Volk zu Frohlocken. Ich werde jubeln über Jerusalem und frohlocken über mein Volk; und nicht soll man darin fürder hören den Laut des Weinens und den Laut der Klage. Es wird daselbst kein Kind mehr nur wenige Tage leben, kein Greis wird sein, der seine Tage nicht erfüllte; denn als jung wird gelten, wer mit hundert Jahren stirbt, und wer sündigt, wird mit hundert Jahren erst vom Fluch getroffen. Sie werden Häuser bauen und sie bewohnen, werden Weinberge pflanzen und ihre Früchte essen. Sie werden nicht bauen, daß ein andrer bewohne, werden nicht pflanzen, daß ein andrer genieße; denn wie das Alter des Baumes soll das Alter meines Volkes sein, und was ihre Hände erarbeitet, das sollen meine Erwählten verzehren. Sie werden nicht umsonst sich mühen und nicht Kinder zeugen für frühen Tod; denn sie sind das Geschlecht der Gesegneten des Herrn, und ihre Sprößlinge bleiben ihnen. Und ehe sie rufen, werde ich antworten; während sie noch reden, werde ich erhören. Jesaja 65,17–24

Denn so spricht der Herr: Siehe, ich will die Wohlfahrt zu ihr leiten wie einen Strom und den Reichtum der Völker wie einen flutenden Bach; ihre Kinder werden auf den Armen getragen und auf den Knieen geliebkost werden. Wie einen seine Mutter tröstet, so will ich euch trösten; ihr sollt in Jerusalem getröstet werden. Wenn ihr es seht, wird euer Herz frohlocken, und eure Gebeine werden sprossen wie ein junges Grün; und die Hand des Herrn wird sich kundtun an seinen Knechten und sein Zorn an seinen Feinden. Jesaja 66,12–14

Und ich will ihnen ein Herz geben, das sie erkennen läßt, daß ich der Herr bin. Sie werden mein Volk sein, und ich werde ihr Gott sein; denn sie werden sich von ganzem Herzen zu mir bekennen. Jeremia 24,7

Nein, das ist der Bund, den ich nach jenen Tagen mit dem Hause Israel schließen will, spricht der Herr: Ich werde mein Gesetz in ihr Inneres legen; und es ihnen ins Herz schreiben; ich werde ihr Gott sein und sie werden mein Volk sein. Jeremia 31,33

Und ich werde ihnen ein anderes Herz geben und einen neuen Geist in ihr Inneres legen; ich werde das steinerne Herz aus ihrem Leibe herausnehmen und ihnen ein fleischernes Herz geben, damit sie nach meinen Geboten wandeln und meine Satzungen halten und darnach tun. Dann werden sie mein Volk sein, und ich werde ihr Gott sein. Ezechiel 11,19–20

Und ich werde euch ein neues Herz geben und einen neuen Geist in euer Inneres legen; ich werde das steinerne Herz aus eurem Leibe herausnehmen und euch ein fleischernes Herz geben. Ezechiel 36,26

Erklären kann man es dir nicht, wenn du es nicht erfahren hast; aber erfahren kann es jeder.

13. FEBRUAR

Wohl alle durch das Leben geläuterten Menschen würden am Ende bereit sein, es mit den gewonnenen Erfahrungen noch einmal zu beginnen.
Aber das ist ja höchstwahrscheinlich gerade das, was wir das „künftige Leben“ nennen.

14. FEBRUAR

Das Leben jedes Menschen trägt soviel Geheimnisvolles in sich, daß man behaupten kann, es gebe keine ganz wahren Biographien und könne keine geben. Ich wenigstens wüßte nicht, wie ich manche wahren und wesentlichen Erlebnisse der vollen Wahrheit gemäß und dennoch für andere verständlich darstellen sollte.
Ein einziges Mal, in einer schlaflosen Krankheitsnacht, ist es in Gedanken möglich gewesen; es war aber so, als ob ein ganz anderer Geist die Worte bilde, und ich wäre am Morgen nicht mehr imstande gewesen, es niederzuschreiben.

15. FEBRUAR

Ein Schriftsteller sagt mit Recht, es komme eigentlich bloß darauf an, auf dem rechten Weg zu sein; alles andere ergebe sich dann von selbst.
Man kann auch sagen: Es ist bloß wichtig, in sein Leben den Geist zu bekommen, den das Evangelium den heiligen nennt; der tut dann alles weitere.
So kann man auch noch weiter sagen: Mache zeitweise alle religiösen Bücher zu außer der Bibel, und selbst in dieser laß alles beiseite außer den Worten und Taten Christi. Das andere ist zur Seligkeit nicht nötig, kann aber zeitweise wieder eine brauchbare Unterstützung oder Anregung sein.

16. FEBRUAR

Die meisten Menschen fliehen beständig die Arbeit und suchen einen Ersatz dafür in Kapitalansammlung, Beziehungen, bequemen Lebensstellungen, das heißt in der Anstrengung anderer, für sich zu gewinnen. Sie befinden sich aber nicht besser dabei als bei der Arbeit und sie sind viel abhängiger.
Wenige begreifen das frühzeitig genug, wählen aus freien Stükken die Arbeit und sind dadurch die einzigen freien Menschen der Welt.

17. FEBRUAR

Das Glück des Lebens besteht nicht darin, wenig oder keine Schwierigkeiten zu haben, sondern sie alle siegreich zu überwinden.

18. FEBRUAR

Achtet es für lauter Freude, meine Brüder, wenn ihr in mancherlei Versuchungen geratet. Jakobus 1,2

Dieser Ermahnung des Apostels während einer Anfechtung zu folgen, ist ziemlich schwer, und wir möchten es bezweifeln, ob er diese unbegrenzte Freudigkeit im Moment des stärksten Leidens immer selbst gehabt habe. Sogar Christus hatte sie ja nicht: „Und er nahm den Petrus und die zwei Söhne des Zebedäus mit sich und fing an, bekümmert zu werden und heftig zu zagen" (Mt 26,37–38). Wer das immer kann, der ist daher über dieses Leben bereits hinausgewachsen, und die Anfechtungen, die doch nur Prüfungen sind, können ihm nichts anhaben.
Den meisten Angefochtenen aber kann man mit einem solchen Spruch gar nicht beikommen. Sie sehen ihn oft geradezu

als Hohn auf ihr Leiden oder als Mitleidslosigkeit an. Was man ihnen dagegen mit Ernst zumuten kann, ist dieses: nicht stumpf hinbrütend oder gar mit tiefer Verbitterung in ihr Leiden zu versinken, sondern „aufzublicken zu den Bergen, von welchen die Hilfe kommt", wenn es auch nur mit einem einfachen, kurzen Seufzer „Herr, hilf mir" ist! Das hilft immer, und wenn du einmal soweit beruhigt bist, dient als weitere Stärkung ein Rückblick auf die vielen vergangenen Prüfungen, die doch alle ihr Ende gehabt haben, oft weit schneller als du es erwarten konntest und auf wunderbare Weise:

Erinnert euch aber der frühern Tage, in denen ihr, nachdem ihr erleuchtet worden waret, viel Kampf der Leiden erduldet habt, indem ihr teils durch Schmähungen und Trübsale zur Schau gestellt, teils Genossen derer geworden seid, die so wandelten. Denn ihr habt mit den Gefangenen gelitten und den Raub eurer Güter mit Freuden hingenommen in der Erkenntnis, daß ihr für euch einen bessern und bleibenden Besitz habt. Darum werfet eure Zuversicht nicht weg, die eine große Belohnung hat! Denn Ausdauer habt ihr nötig, damit ihr den Willen Gottes tun und (so) die Verheißung erlangen mögt. Denn noch „eine ganz, ganz kurze Zeit", „so wird der, welcher kommen soll, kommen und nicht verziehen. Mein Gerechter aber wird aus Glauben leben; und wenn er feig zurückweicht, hat meine Seele kein Gefallen an ihm".
Wir aber sind nicht solche, die feig zurückweichen, um (so) zugrunde zu gehen, sondern solche, die glauben, um (so) das (ewige) Leben zu gewinnen. Hebräerbrief 10, 32–39

19. FEBRUAR

Es gehört zweierlei zum inneren Fortschritt: eine Stimme, die zu uns spricht, und ein Ohr, das sie hören kann.
Wenn ich auch keinen anderen Grund hätte, an eine leitende Fürsorge zu glauben, so wäre es doch die Erfahrung, daß mir alle für meinen inneren Lebensgang wichtigen Bücher „zufällig" in den Weg gekommen sind, während ich aus selbst ausgesuchten sozusagen nichts gelernt habe. Und das nicht darum, weil nichts darin stand, sondern weil der richtige Augenblick zur Aufnahme noch nicht gekommen war.

20. FEBRUAR

Die meisten Menschen haben keine Ahnung von dem Glück und der Freude, die auf dieser mangelhaften Erde, trotz allem Entgegenstehenden, zu haben ist.
Die Armen kleben beständig nur an ihrem Elend und sehen den Himmel wegen der nächsten Sorgenwolke nie. Die Reichen gehen selten durch das Nadelöhr, das sie unfehlbar passieren müssen, um wirklich glücklich zu sein. Die dem Glauben Abgeneigten stoßen sich beständig an dem Gebaren der Kirchenleute, das ihnen zu vielem Mißfallen Anlaß bietet.
Alle wollen Glück und Freude von dort haben, wo sie überhaupt nicht sind; die aber durch das alle hindurchdringen, werden zuletzt sagen, daß die Erde doch kein „Jammertal" ist.
Das Traurigste, das es gibt, ist der Rückblick im Alter auf ein halb oder ganz verlorenes Leben, das viel schöner hätte sein können. Das ist das Schicksal vieler Tausender. Laß es nicht auch das deinige sein!

21. FEBRUAR

Barnabas, „Sohn des Trostes", ist ein schöner Name, den alle Christen unfehlbar tragen sollten.
Bei ihnen sollte man eben stets Trost haben können. Bei den meisten aber hat man nicht das Gefühl, daß sie ihn in Fülle haben und ihn nicht selbst beständig in allerlei Bemühungen halb oder ganz vergeblich suchen, ohne ihn je zu erreichen. Das ist das, was die Welt ihnen vorwirft, und ganz mit Recht.
Daß manche ganz ausgezeichnete Menschen, wenn sie gestorben sind, wenig vermißt werden und manche ganz einfache sehr, ist darin begründet, daß die einen Kinder des Trostes gewesen sind, bei denen man „Frieden" fand, die anderen nicht.

22. FEBRUAR

Das Leben beginnt glücklich zu werden, wenn man alles, was kommt, aus Gottes Hand nehmen kann, nicht mehr viel sorgt und nur durch offene Türen geht. Vorher ist es eine einzige große Mühsal mit einigen Erholungspausen, die meistens noch mit Selbsttäuschung verbunden sind.
Die „Nähe Gottes" oder das „Wohnen" des göttlichen Geistes in einem Menschen, das bildet eigentlich sein Glück. Dieses Wohnen kann in einem noch sehr unvollkommenen Menschen stattfinden, sobald er es über alle anderen Güter schätzt, und in einem relativ sehr vollkommenen nicht, wenn dies nicht der Fall ist. Der erste wird dadurch nach und nach mit Sicherheit gereinigt; der andere kommt durchaus nicht vorwärts.
Auch wir lieben unvollkommene Freunde, die uns aufrichtig ergeben sind, weit mehr, als viel höher begabte, denen wir im Grunde mehr oder weniger gleichgültig sind. Wir sind bereit, für die einen alles zu tun, für die anderen aber nichts.

23. FEBRUAR

Immer die Wahrheit zu sprechen, ist gar nicht so leicht, selbst wenn man es ernstlich will. Die Lüge ist so stark mit unserem Leben verflochten, daß die meisten sogar im stillen, in ihren Selbstgesprächen oder in ihren Gebeten, wo es doch gar keinen Zweck und Erfolg haben kann, noch unwahr sind.
Dagegen merken die Menschen bei anderen leichter die Lüge und glauben sie nur, wenn sie ihnen schmeichelt oder sonst gerade paßt.

Pilatus sagt zu ihm: Was ist Wahrheit?
Und nach diesen Worten ging er wieder zu den Juden hinaus und sagte zu ihnen: Ich finde keine Schuld an ihm. Johannes, 18,38

Dieser skeptische Ausruf des gebildeten Römers ist ganz die Gesinnung der gebildeten Leute, die sehr wohl wissen, daß alle Wissenschaft und Philosophie, solange eine Geschichte der Menschheit besteht, eine eigentlich sichere, unfehlbare Wahrheit nicht geliefert hat. Wer daher überhaupt die Wahrheit haben will und nicht nur einzelne und zeitgenössische Wahrheiten, der wird kaum eine andere Wahl haben, als sich an den anzuschließen, dessen geschichtliche und einzigartige Aufgabe in der Welt eben das Zeugnis der Wahrheit war.

Pilatus sagte nun zu ihm: Also bist du ein König? Jesus antwortete: (Ja,) du sagst es, daß ich ein König bin. Ich bin dazu geboren und dazu in die Welt gekommen, daß ich für die Wahrheit zeuge. Jeder, der aus der Wahrheit ist, hört meine Stimme. Johannes 18,37

Denn die Worte, die du mir gegeben hast, habe ich ihnen gegeben; und sie haben sie angenommen und haben in Wahrheit erkannt, daß ich von dir ausgegangen bin, und haben geglaubt, daß du mich gesandt hast. Heilige sie in der Wahrheit; dein Wort ist Wahrheit Johannes 17,8.17

Wenn aber jener kommt, der Geist der Wahrheit, wird er euch in die ganze Wahrheit leiten; denn er wird nicht von sich aus reden, sondern was er hört, wird er reden, und das Zukünftige wird er euch verkündigen. Johannes 16,13

Jesus sagt zu ihm: Ich bin der Weg und die Wahrheit und das Leben; niemand kommt zum Vater außer durch mich. Johannes 14,6

Jesus sprach zu ihr: Ich *bin die Auferstehung und das Leben. Wer an mich glaubt, wird leben, auch wenn er stirbt; und jeder, der lebt und an mich glaubt, wird in Ewigkeit nicht sterben. Glaubst du das?* Johannes 11,25–26

Wahrlich, wahrlich, ich sage euch: Wenn jemand mein Wort befolgt, wird er in Ewigkeit den Tod nicht sehen. Johannes 8,51

Jeder Mensch kann es auch selbst versuchen, ob dieses Zeugnis wirklich die ganz befriedigende Wahrheit ist; es wird sich in seinem eigenen Gefühl hinlänglich und überzeugend als solche beweisen.

Wer an mich glaubt, aus dessen Leibe werden, wie die Schrift gesagt hat, Ströme lebendigen Wassers fließen. Johannes 7, 38

Da antwortete ihnen Jesus und sprach: Meine Lehre ist nicht mein, sondern dessen, der mich gesandt hat; wenn jemand seinen Willen tun will, wird er erkennen, ob die Lehre aus Gott ist oder ob ich von mir aus rede.
Johannes 7, 16–17

Simon Petrus antwortete ihm: Herr, zu wem sollten wir gehen? Du hast Worte ewigen Lebens. Johannes 6, 68

Wer aber von dem Wasser trinkt, das ich ihm geben werde, wird in Ewigkeit nicht dürsten, sondern das Wasser, das ich ihm geben werde, wird in ihm zu einer Quelle von Wasser werden, das sprudelt, um ewiges Leben zu spenden. Johannes 4, 14

Wer es aber gar nie ernstlich versucht hat und auch nicht versuchen will, der hat kein Recht, es zu bestreiten; er redet von etwas, das er nicht selber kennt.

24. FEBRUAR

Ob man „im Glauben" an eine unsichtbare Welt oder „im Schauen" der alltäglichen Verhältnisse wandelt, dadurch gewinnt das Leben eine sehr unterschiedliche Gestalt. Man kann unter den nämlichen äußeren Verhältnissen verzweifeln oder sehr beruhigt, ja sogar glücklich sein.
Es mag sein, daß beim Glauben etwas „Phantasie" mitbeteiligt ist; aber sind die Dinge, die wir sehen, wirklich das, als was sie uns erscheinen, stehen wir nicht auch in bezug auf die sogenannte „reale" Welt eigentlich vor lauter Rätseln und Annahmen?

25. FEBRUAR

Ich habe es nie recht verstehen können, wie jemand selbst in sogenannten glücklichen Verhältnissen, ganz besonders im Alter und bei beginnender Kränklichkeit, leben mag, wenn er ohne Glauben an Gott nur auf die eigene, wechselnde Kraft und die unzuverlässige Hilfe der Menschen angewiesen ist. Wenn er als Lebensgenuß nur das kennt, was gewöhnlich dafür gilt, so daß das Leben eigentlich halb aus Furcht, halb aus Zerstreuung oder Betäubung besteht.
Ich wollte meinerseits noch lieber Götzen anbeten als gar keinen Gott haben.

26. FEBRUAR

Gottes Gebote sind eine Last – für den, der bloß seiner Willkür leben möchte –, aber es ist ein Segen für Leib und Geist damit verbunden, der sonst nicht zu haben oder sonstwie zu ersetzen ist.

Rede mit den Israeliten und sprich zu ihnen: Ich bin der Herr, euer Gott. Ihr sollt nicht tun, wie man im Lande Ägypten tut, wo ihr gewohnt habt, und sollt nicht tun, wie man im Lande Kanaan tut, in das ich euch führen will; ihr sollt nicht nach ihren Bräuchen wandeln. Nach meinen Vorschriften sollt ihr tun und meine Satzungen sollt ihr halten, indem ihr darnach wandelt; ich bin der Herr, euer Gott. Darum sollt ihr meine Satzungen und meine Vorschriften halten. Der Mensch, der darnach tut, wird durch sie leben; ich bin der Herr. 3. Mose 18, 2–5

Und du vermahntest sie, um sie zu deinem Gesetz zurückzuführen. Sie aber handelten vermessen und gehorchten deinen Geboten nicht, sondern sündigten gegen deine Satzungen, durch deren Befolgung der Mensch am Leben bleibt; sie lehnten sich auf und waren halsstarrig und gehorchten nicht. So hattest du viele Jahre lang Geduld mit ihnen und vermahntest sie durch deinen Geist, durch deine Propheten; aber sie hörten nicht darauf. Darum gabst du sie den Völkern in den heidnischen Ländern preis. Doch nach deiner großen Barmherzigkeit vertilgtest du sie nicht ganz und gar und verließest sie nicht; denn du bist ein gnädiger und barmherziger Gott. Nehemia 9, 29–31

Dort gab ich ihnen meine Satzungen und tat ihnen meine Gebote kund, die der Mensch halten soll, damit er am Leben bleibe. Ezechiel 20, 11

Übrigens kann niemand, auch der Höchstgestellte nicht, ganz frei von allen Schranken und Geboten nur seiner Willkür leben, und die Gott nicht gehorchen, sind gewöhnlich um so mehr der Menschen Knechte. Und endlich sind Gottes Gebote deshalb leicht, weil bei einem wahren lebendigen Glauben stets viel Freude ist. Die Menschengebote aber sind schwer, weil sie dieser Freude entbehren.
Das kann jeder selbst auf seine Richtigkeit erproben, wenn er aufrichtigen Herzens dabei zu Werke geht.

Denn darin besteht die Liebe zu Gott, daß wir seine Gebote halten; und seine Gebote sind nicht schwer. 1. Johannesbrief 5, 3

Denn mein Joch ist sanft und meine Last ist leicht. Matthäus 11, 30

27. FEBRUAR

Über erlittenes Unrecht nachzusinnen, ist immer schädlich und dazu meistens unnütz. Das Beste ist, den Gedanken rasch abzuschütteln und sich durch ihn nicht entmutigen zu lassen. Aufrichtige Menschen werden auch meistens im stillen bekennen müssen, daß sie noch immer über Gebühr geschätzt werden und weniger zu leiden haben als sie es verdienten.

28. FEBRUAR

Die „Freundlichkeit" Gottes ist das, was uns das Herz abgewinnt. Nicht der „Zorn", gegen den sich ein etwas trotziges Gemüt leicht empört mit der Gegenrede: „Warum hast du uns denn so geschaffen und in so schwierige Verhältnisse gesetzt?" Nicht die sogenannte „Vaterliebe", von der wir aus unserer Jugend nicht immer eine bloß gute Erinnerung haben. Auch nicht die alttestamentliche „Brautliebe", die uns weithin unverständlich ist. Ein Vergleich unvollkommener Art für an sich Unaussprechbares ist das alles; aber die stets freundliche, immer großartige, weitherzige, durchaus wahre, nichts beschönigende oder übersehende, aber auch das geringste Gut anerkennende und stets hilfsbereite Haltung eines großen Herrn, das ist es, was wir an Gott eigentlich suchen und haben.

März

1. MÄRZ

Mir ist in meinem Leben fast immer das gut ausgefallen, was ich ungern und auf fremde Veranlassung hin tat, und weniger gut, was ich aus eigener Initiative begann und für sehr gut hielt.

2. MÄRZ

Das Tröstliche der „menschlichen" Dinge ist, daß, wenn man die Menschen näher kennenlernt, sie meistens besser sind als ihr Ruf.

3. MÄRZ

Jeder Schmerz ist erträglich, bei dem keine Schuld mit ins Spiel kommt.

4. MÄRZ

Freundschaft und Liebe unter den Menschen dürfen nicht in eine feine Genußsucht ausarten, wie es sehr oft, sogar bei den besten dieser Verbindungen, der Fall ist; man muß stets den beiderseitigen inneren Fortschritt im Auge haben.
Der rasche innere Fortschritt geschieht nur durch starke Erschütterungen. Wenn man ihn also wünscht, so darf man diese nicht allzusehr scheuen.

5. MÄRZ

Ein einziger, ganz aufrichtiger Liebesblick nach oben gilt bei dem Empfänger sicherlich mehr als das schönste formulierte Gebet. Auch wir lieben einen solchen sprechenden Blick eines kleinen Kindes, ja sogar eines Tierleins, mehr als alle schönen Worte.

6. MÄRZ

Die beste aller menschlichen Eigenschaften ist die Treue. Sie ersetzt fast alle anderen Eigenschaften und wird ihrerseits durch nichts ersetzt.
Traurig ist dabei, daß sie eine bei den Menschen eher seltene, bei den Tieren häufigere Eigenschaft ist, so daß der Mensch in diesem Hauptpunkte eigentlich nicht über ihnen steht.

7. MÄRZ

Daß eine Sache noch nicht gänzlich überwunden ist, zeigt sich darin, daß man nicht gern daran denkt oder davon spricht, während, wenn dies der Fall ist, zuerst eine Gleichgültigkeit ohne Haß und Zorn und zuletzt sogar ein angenehmes Gefühl des Sieges eintritt.
So müssen, das nimm dir vor, alle deine Schwierigkeiten enden.

8. MÄRZ

Die sogenannten „inneren Kämpfe" sind sehr oft nichts anderes als Kämpfe des menschlichen Eigenwillens gegen den klar erkannten gegenteiligen Willen Gottes, der zur Einstimmung in unsere Pläne zurechtgebogen werden soll.

9. MÄRZ

Egoismus ist das, was mit Religion am allerwenigsten zusammenstimmt, so wenig, daß wir alles das, was wir mit Recht besitzen sollen, einmal – wenigstens innerlich, oft sogar aber auch äußerlich – hergegeben und von Gott wieder zurückempfangen haben müssen: Eigentum, Ehre, guten Namen, Gesundheit, Arbeitskraft, Familie, Lebensfreude; ja das Leben selbst nicht ausgeschlossen. Sonst können uns alle diese Güter zum Verderben geraten. Das ist der Sinn der sogenannten „Prüfungen"; es sind Proben, ob wir dazu willig und imstande sind.

10. MÄRZ

Solange die Prüfungen nicht mit diesem entschiedenen guten Willen enden, haben sie ihren Dienst noch nicht ganz getan und können nicht aufhören, wenn Gott uns gnädig ist. Läßt er sie vorher enden, weil der Mensch schließlich gar nicht zu klagen aufhört, oder läßt er ihn vollends ganz in Ruhe, so ist das ein sehr schlechtes Zeichen. Das sind die Menschen, die Gott aufgibt und die dem Verderben mit Sicherheit entgegengehen, dabei aber oft für die Glücklichen dieser Welt gehalten werden und sich wohl selbst zeitweise einbilden, es zu sein, bis es zu spät ist.

11. MÄRZ

Wenn ihr in mir bleibt und meine Worte in euch bleiben, so bittet, um was ihr wollt, und es wird euch zuteil werden. Johannes 15,7

Wenn man einmal fest an Gottes Führung und Hilfe in allen Lebenslagen glauben kann und das, was in diesem Satz steht, oft tatsächlich erfahren hat, dann verschwindet das Schwerste, das es auf Erden zu ertragen gibt, nämlich Sorge und Furcht, ganz von selber, und alle Schwierigkeiten des Lebens werden zu bloßen Übungen dieses Glaubens, die mit dem Sieg enden, der das umfassendste Glück der Erde ist.

12. MÄRZ

Ich hätte mutmaßlich ein halb oder ganz verfehltes Leben gehabt, wenn ich nicht im 30. Jahr den Faden, der durch das alles führt, resolut ergriffen und fortan in allen Lebenslagen festgehalten hätte.

13. MÄRZ

Sei nur immer etwas Rechtes und Gutes; sie finden es schon heraus; es fehlt der Welt gar nicht an Klugheit.
Die meisten der „Verkannten" sind gar nicht so, die übrigen nicht auf lange Zeit. Daß sie es für immer wären, kommt nicht vor. Ich kenne wenigstens kein Beispiel dafür in der Geschichte und habe im Leben nie eines gesehen.

14. MÄRZ

Lebensüberdruß ist nie ein gutes Zeichen; ganz sicher fehlt etwas, körperlich oder geistig, in dem Menschen, der ihn hat. Er befindet sich meistens entweder nicht in naher, persönlicher Verbindung mit Gott, die dieses Gefühl gänzlich ausschließt, oder er glaubt überhaupt nicht an Gott. Dann freilich ist zeitweiser Lebensüberdruß gerade bei geistig regen Menschen ganz natürlich; denn sie können in ihrem eigenen Ich oder in der Gesellschaft gleichartiger Menschen oder in ihrer eigenen Arbeit unmöglich eine vollständige Befriedigung finden, und zwar je weniger, je bedeutender sie sind.
Besonders das Alter eines solchen Menschen kann unmöglich ganz glücklich sein, und es ist mir in der Tat auch kein einziges Beispiel bekannt, in dem es nicht mit Melancholie, Zorn oder Verbitterung verbunden war. Vorausgesetzt, daß man hinter die Kulissen blicken kann und nicht unbedingt an die „Biographien" glaubt, die das möglichst zu vertuschen pflegen.

Ununterbrochene nützliche Arbeit, solange es die Kräfte gestatten, ist neben der beständigen Gottesnähe das Beste und Befriedigendste von allem, was das menschliche Leben zu bieten vermag. Wenn man aber diesen Grundsatz in sein Leben aufgenommen hat, darf man sich auch schon frühzeitig vor übermäßiger, unnötiger oder allzu hastiger und nervöser Arbeit hüten.
Namentlich was der Apostel Paulus „die Zeit benützen" nennt (Eph 5, 16), woraus die neueren Bibelübersetzungen, um wörtlicher zu sein, die Zeit „auskaufen" gemacht haben, hat schon sehr oft den Anlaß zu einer schädlichen Treiberei und Hetzerei in geistlichen Dingen gegeben. Sie stimmen mit der Auffassung des menschlichen Lebens durch Christus gar nicht überein, der sich vielmehr zu allem Zeit nahm und sich auch zu an und für sich guten Dingen nicht treiben ließ:

Seine Brüder sagten nun zu ihm: Geh von hier fort und zieh hin nach Judäa, damit auch deine Jünger die Werke sehen, die du tust! Denn niemand tut etwas im verborgenen und sucht (doch) selber öffentlich in Ansehen zu stehen. Wenn du solches tust, so mache dich der Welt offenbar! Denn auch seine Brüder glaubten nicht an ihn. Da sagt Jesus zu ihnen: Meine Zeit ist noch nicht da; eure Zeit aber ist immer bereit. Die Welt kann euch nicht hassen, mich aber haßt sie; denn ich bezeuge, daß ihre Werke böse sind. Gehet ihr hinauf zum Fest! Ich gehe nicht zu diesem Fest hinauf; denn meine Zeit ist noch nicht da. Nachdem er ihnen aber dies gesagt hatte, blieb er in Galiläa. Johannes 7, 3–9

Jesus antwortete: Hat nicht der Tag zwölf Stunden? Wenn jemand bei Tage umhergeht, stößt er nicht an; denn er sieht das Licht dieser Welt. Wenn aber jemand bei Nacht umhergeht, stößt er an; denn das Licht ist nicht in ihm. Johannes 11, 9.10

16. MÄRZ

Wenn man die Geschichte der christlichen Kirche genau und unbefangen betrachtet, ist man oft in starker Versuchung, zu glauben, diese Gemeinschaft habe noch niemals ihre ganz richtige, dem Gedanken Jesu völlig entsprechende Ausgestaltung gefunden und das wahre Christentum sei bis auf den heutigen Tag bloß in einzelnen und zwar meistens unbekannt gebliebenen Menschen zu seiner vollen Wirkung gelangt.

17. MÄRZ

Wahrlich, wahrlich, ich sage euch: Die Stunde kommt und ist jetzt da, wo die Toten die Stimme des Sohnes Gottes hören werden, und die, welche sie hören, werden leben. Johannes 5,25

Der Pfad der Wahrheit und des ewigen Lebens ist ein sehr schmaler, aber doch gangbarer Weg zwischen den beiden todbringenden Abgründen des Materialismus und des Aberglaubens, man muß ihn auf Glauben hin einschlagen und verfolgen. Ohne eine wirkliche und wirksame göttliche Führung ist nicht durchzukommen.
Trotz all dieser offenbaren Schwierigkeiten werden viele den rechten Weg suchen und finden.

18. MÄRZ

Das viele Unrecht, das in der Welt – scheinbar ungestraft – geschieht, ist für manche nicht sehr nachdenkliche Leute ein Hindernis, an einen lebendigen und gerechten Gott zu glauben. Wir wollen die Frage beiseite lassen, ob nicht jedem Unrecht ganz notwendig eine innere Strafe auf dem Fuß folgt, sondern nur sagen, daß die fehlende Strafe weit eher zu dem Schluß berechtigt, daß nicht alle Rechnungen auf der Erde ausgeglichen werden. Es muß notwendig noch ein weiteres Leben geben. Wäre das nicht der Fall und auch kein Gott da, so würde es überhaupt kein Unrecht und kein Bewußtsein davon geben, sondern der Mensch würde mit der gleichen angeborenen, nicht etwa bloß angewöhnten, Naturnotwendigkeit und Gemütsruhe rauben und morden wie das wilde Tier des Waldes. Das ist offenbar nicht so. Es gibt eine Gerechtigkeit Gottes, wer an diese göttliche Gerechtigkeit nicht glauben will, vergeht sich gegen die Menschen und gegen Gott.

19. MÄRZ

Die Menschen liebt man erst recht, wenn man sie nicht mehr nötig hat; man kann sie aber nur entbehren, wenn man einen festen Glauben an Gott besitzt. Dieser Glaube und die echte Menschenliebe nehmen stets miteinander zu und ab.

20. MÄRZ

Tu nur vom Morgen bis zum Abend immer den Willen Gottes; dann hast du den Faden in der Hand, der dich sicher aus den Labyrinthen dieses irdischen Getriebes in den Himmel auf Erden leitet.

Auch wenn du diesen Willen suchen müßtest, wenn er dir nicht immer sofort klar ist, so liegt in dem Suchen schon ein Segen.

21. MÄRZ

Es ist ein großer Unterschied, ob man Prüfungen und Sorgen, deren es auch in dem glücklichsten Leben viele gibt, als eine unerträgliche Last oder als einen von Gott gesandten Anlaß ansieht, seine Weisungen zur Ausführung zu bringen und sich darin zu üben.

Das zweite ist natürlich nur mit Glauben möglich und eine seiner einleuchtendsten Gaben.

22. MÄRZ

Wenn du auf dem Wege der Guten gehen willst, ist deine erste Aufgabe, deinen eigenen Willen gänzlich frei und bereit dazu zu machen. Du wirst noch geraume Zeit eine innere Abneigung in dir spüren, richtig Ernst zu machen, sondern dich lieber mit allerlei Transaktionen, äußeren Formalitäten oder der Gemeinschaft mit Gleichgesinnten begnügen zu wollen, wie es tausend andere auch tun. Lehne das bald und rund ab; das alles hindert wirklich zum Guten bestimmte Menschen am meisten.

Wenn du darin ganz konsequent bist, spürst du endlich deutlich, daß dein Wille frei wird, daß du das Gute wirklich wollen und dem Entgegengesetzten gern entsagen kannst.

Dann streiche deinen alten Geburtstag im Kalender, das ist der Tag deiner neuen Geburt zu ewigem Leben.

23. MÄRZ

Denn so sprach Gott, der Herr, der Heilige Israels: In Umkehr und Ruhe liegt euer Heil; in Stillehalten und Vertrauen besteht eure Stärke. Doch ihr habt nicht gewollt.

Und darum harrt der Herr darauf, euch gnädig zu sein, und darum erhebt er sich, daß er sich euer erbarme; denn ein Gott des Rechtes ist der Herr. Wohl allen, die auf ihn harren! Jesaja 30, 15.18

Der Herr wartet darauf, daß er dir gnädig sein kann. Du brauchst dir also gar keine Sorgen oder Zukunftspläne zu machen und damit viel der schönsten Arbeitszeit zu verderben. Wenn du an ihn glaubst und dich redlich bestrebst, seinen Weg zu gehen, so kommt alles und weit besser, als du es dir denken kannst, von selber.

Es gibt aber auch unter ganz frommen Leuten solche, die neben all ihrer aufrichtigen Frömmigkeit noch in vielen und beständigen Sorgen leben und daneben in sehr vielen Dingen auch noch ganz die Wege der Welt gehen und ihre Anschauungen teilen, ganz besonders was die Wertschätzung der irdischen Güter anbelangt. Bei denen wartet dann allerdings Gott ein wenig mit seinen deutlichen Gnadengaben; denn man kann sich nicht auf Gott und auf Gut gleichzeitig stützen; eines oder das andere muß im Herzen weichen.

24. MÄRZ

Der Glaube ist an sich selbst schon ein Glück. Die volle Zuversicht, etwas zu bekommen, ist wie die Blüte am Baum, die dem Bedürfnis des menschlichen Herzens eigentlich mehr entspricht als die Frucht, die man später in der Hand hält, um sie zu verzehren.
So ist auch die Schönheit des Erdenlebens gegenüber einem jeden denkbaren zukünftigen Leben. Später wird dieses Glück fehlen; man muß es aber früher gehabt haben, um nicht nachher ein Bedauern zu empfinden, das nicht in einen Himmel paßt.
„Was du von der Minute ausgeschlagen, bringt keine Ewigkeit zurück."

25. MÄRZ

Der schönste Zeitpunkt in allem Glücksgefühl ist nicht der des Besitzes, sondern der Augenblick vorher, wenn die Erfüllung herankommt und bereits sicher erscheint.

26. MÄRZ

Der Gebeugte hat lauter böse Tage,
der Wohlgemute hat allezeit Fest.
Sprüche 15,15

Ein fröhliches Herz
ist die beste Arznei;
ein gedrücktes Gemüt
dörrt das Gebein aus.
Sprüche 17,22

Der Gerechten Pfad
ist wie Morgenglanz,
der immer heller wird
bis an den vollen Tag.
Sprüche 4,18

Und so sah ich: es gibt nichts Besseres,
als daß der Mensch fröhlich sei bei seinem Tun;
das ist sein Teil.
Denn wer will ihn dahin bringen, sich zu freuen
an dem, was nach ihm sein wird?
Prediger 3,22

Danke Gott jeden Morgen, gleich beim ersten Erwachen, für die neuen Gelegenheiten, Gutes zu tun, die sich dir eröffnen werden, und habe dann den ganzen Tag hindurch die Augen weit offen dafür.

27. MÄRZ

Mir ist Haß im Leben nie geraten, ich mußte davon immer wieder durch dringende Umstände ablassen, oder er wurde mir plötzlich aus den Gedanken genommen. So daß ich ihn zuletzt ganz aufgegeben und mich daran gewöhnt habe, die menschlichen Angriffe wenig zu empfinden und ihnen meistens bloß passiven Widerstand entgegenzusetzen.

28. MÄRZ

Wenn man sich offen auf die Seite unseres Herrn stellt, so bleibt es oft nicht ohne Nachteile; das muß man sich nicht einbilden. Es ist im Gegenteil oft so, als wenn eine mächtige, verborgene Hand von allen Seiten Widerwärtigkeiten herbeiführen, Feinde auftreiben, bisherige Freunde kalt oder abwendig machen würde.

Trotzdem ist der Gewinn viel größer als der Verlust, und wenn du endlich einmal so weit gekommen bist, daß du sagst: „Wenn ich nur dich habe, so frage ich nichts nach Himmel und Erde", so bist du „durch" und hast des Lebens Ziel erreicht.

29. MÄRZ

Populär und allgemein beliebt ist nur, wer ein ganz klein wenig über dem Niveau der Gesellschaft steht, in der er lebt. Diese Menschen haben während des Lebens die größte Wirkung und die größte Summe an persönlichem Glück.

Aber nach dem Tode ist es anders; da ist ihr Lohn dahin.

30. MÄRZ

Es ist etwas unerwartet Herrliches, keinen Willen und keinen Genuß mehr zu kennen. Dann kommt alle Tage etwas Neues und Gutes; der Zorn der Natur verschwindet; alle Menschen tun, was man wünscht, ohne daß man etwas von ihnen verlangt, und eine Menge Fehler, mit denen man früher lange und vergeblich kämpfte, fällt ab wie dürre Blätter, die keinen Saft noch Halt mehr haben und vom Wind weggeweht werden.

Mir ist es in meinem Leben unendlich oft wie einem Schlafwandler ergangen, der, wie durch eine unsichtbare Hand geleitet, über die gefährlichsten Pfade hinwegkommt, die er – mit offenen Augen für die Gefahr – niemals zu betreten wagen würde.
Nur dann und wann habe ich plötzlich, wie angerufen, die sehr große Differenz meines Denkens von dem der meisten anderen Menschen gesehen, die man sich eigentlich gar nicht eingestehen darf, wenn man nicht unsicher werden will.
Ich habe daher, wie mir einmal ein etwas boshafter Kritiker ganz richtig sagte, weit mehr mit toten als mit lebendigen Leuten geistig verkehrt und einzelne Menschen, die vor Hunderten von Jahren lebten, besser verstanden als die jetzt Mitlebenden.

April

1. APRIL

Das allerbeste Zeichen des inneren Fortschrittes ist es, wenn es einem in guter und lauterer Gesellschaft wohl ist und in gewöhnlicher immer weniger.
Das wird auch über unser künftiges Leben entscheiden. Ein jeder kann und wird nur dorthin kommen können, wohin er seiner geistigen Natur nach gehört, beziehungsweise wohin sein Wünschen und Sehnen zielt.

2. APRIL

Mit Gott werden wir Taten tun;
er wird unsre Bedränger zertreten.
Psalm 108, 14

Dies ist meine Ruhstatt für und für;
hier will ich wohnen, denn ich habe sie erkoren.
Psalm 132, 14

Das sind die Losungen für das handelnde und für das beschauliche Wesen des Menschen.

3. APRIL

Bequeme Leute möchten die Wahrheit des Glaubens in einem kurzen Wort, gewissermaßen in einem Wahlspruch, ausgedrückt besitzen. Ich bezweifle einigermaßen, ob das überhaupt möglich ist; denn das Leben hat Stufen und ist eine allmähliche Entwicklung zu immer besseren Einsichten. Wenn du aber für den Anfang so etwas haben willst, so nimm Matthäus 6, 33: „Suchet vielmehr zuerst sein Reich und seine Gerechtigkeit! Dann werden euch alle diese Dinge hinzugefügt werden." Das ist das Sicherste, das es gibt, und wahrscheinlich noch niemandem mißlungen, der es ernsthaft versuchte. Die Wahrheit in einem kurzen Satz auszudrücken, ist die Absicht der Bekenntnisformeln, von denen das Apostolische Glaubensbekenntnis noch heute allen christlichen Kirchen gemeinsam ist. Johannes 17, 3 ist dagegen eine von Christus selber herrührende Formel, die auch völlig genügt und jedenfalls weniger Streit verursacht hätte: „Das aber ist das ewige Leben, daß sie dich, den allein wahren Gott, und den du gesandt hast, Jesus Christus, erkennen."

4. APRIL

Man muß wie der Riese Christophorus entschlossen nur dem größten Herrn auf Erden dienen. Ist das nun der materielle Genuß, die Wissenschaft oder die Kunst oder der Patriotismus oder die Humanität oder die Kirche oder – Gott und Christus? Darüber entscheide selbst, und dann diene recht und von ganzem Herzen!

5. APRIL

Es geht manchen sehr wackeren Leuten spät oder auch gar nie auf, daß man nicht nur brav, sondern auch liebenswürdig sein muß.
Daher gibt die Welt oft den liebenswürdigen Leuten die gar nicht brav sind, den Vorzug vor den größten Tugendmustern.

6. APRIL

Große Gedanken wachsen nur aus einem Herzen, das große Schmerzen tief gefurcht haben. Aber wer hätte den Mut, diesen fruchtbaren, aber auch zugleich furchtbaren Weg selbst einzuschlagen, wenn er nicht dazu genötigt würde, und wer würde ohne die leitende Hand Gottes an den Abgründen vorbeikommen, die ihn, oft auf Haaresbreite, begrenzen!

7. APRIL

Es ist die Politik des Bösen, sich – wo immer möglich – in einem gewissen Halbdunkel zu halten und sogar den Schein einer Tugend anzunehmen. Genußsucht will nicht geizig sein; Haß und Neid sind Wahrheitsliebe; Ehrgeiz wird mit Tätigkeitstrieb, Faulheit mit Abneigung gegen alle Streberei oder gar mit völliger Ergebung in den Willen Gottes entschuldigt. Zeitweise bloß werden einzelne Philosophen oder Realpolitiker dreist genug, ihr wahres Gesicht zu zeigen und den Versuch zu einer „Umwertung aller Werte" zu machen. Dann beginnt aber schon die heilsame Umkehr.

8. APRIL

Besser langmütig sein
als ein Kriegsheld,
besser sich selbst beherrschen
als Städte bezwingen.
Sprüche 16,32

Unseren Gefühlen und Stimmungen müssen wir nicht ohne weiteres nachgeben. Sie sind ohne unser Zutun vorhanden und haben Einfluß auf unser gesamtes Befinden, aber so wie das Wetter, das wir zwar nicht ändern können, gegen das wir uns aber doch zur Wehr setzen. Nach und nach gewinnt der Charakter dann eine solche Festigkeit, daß die Gefühle nur noch eine Nebensache sind und lediglich zur Abwechslung in der Eintönigkeit des Lebens beitragen wie der Wechsel der Jahreszeiten, der Witterung oder der Wechsel von Tag und Nacht.

9. APRIL

Das Böse oder Gewöhnliche in uns weicht augenblicklich, sobald wir kräftig das Gute wollen. Es spart aber seinen Angriff nur für eine spätere Zeit auf, wenn wir ermüdeter oder sicherer in der ersten Gewißheit eines Erfolges sind. Dann bedarf es immer noch einer Anstrengung, das Verlorene wieder zu erobern, und es gelingt oft genug.

10. APRIL

Von zeitweisen Erschütterungen seines Glaubens ist niemand ganz frei; sonst wäre es eben kein „Glaube". Aber durch die Erfahrungen, die man mit ihm macht, wird er allmählich doch zu einer Art von Wissen; daher sagt der Apostel Petrus mit Recht:

Denn nicht indem wir klug ersonnenen Fabeln gefolgt sind, haben wir euch die Macht und Wiederkunft unsres Herrn Jesus Christus kundgetan, sondern weil wir Augenzeugen seiner Majestät geworden sind. 2. Petrusbrief 1,16

Das muß auch heute jeder Prediger des Evangeliums von sich sagen können; solange er das noch nicht kann, nützt seine Predigt nicht viel.

11. APRIL

Jeder Mensch muß in seinem Leben einmal „unter die Übeltäter gerechnet" werden. Wenn das nicht geschieht, ist es kein gutes Zeichen. Hat er dann aber Gott zum Trost, einen Trost, der unendlich über alles menschliche Urteil hinaus trösten kann, und das gute Gewissen, das aus dem Bewußtsein dieser Hilfe entsteht – ein anderes wahrhaft gutes Gewissen gibt es nicht –, dann trägt er das Urteil der Menschen leicht und sieht, daß es in Wirklichkeit lange nicht so schlimm und gefährlich ist, wie er es sich vorstellte.

Erst dadurch wird er ein tapferer Mensch, den Gott in seinen Kriegen brauchen kann. Vorher ist jeder Mensch ein Feigling, der sich fürchtet, Gott beizustehen, wenn es nötig ist.

12. APRIL

Was in dem jetzigen Zustand der Gesellschaft am notwendigsten erscheint, ist ein gewisser Instinkt für das Solide, damit man nicht den unzähligen Projekten, Systemen, Vereinen, literarischen und politischen Strömungen oder religiösen Bewegungen und Sekten verfalle, die tagtäglich auf jeden einstürmen und von denen nur ein geringer Teil eigentlich lebensfähig ist. Die meisten haben ein rasch vorübergehendes Dasein und verschwinden wieder oder zersplittern sich in verschiedene, ebenso haltlose Fraktionen. Davon halte dich fern!

13. APRIL

Es gibt ungemein wenige Menschen, die einen dauernden persönlichen Eindruck hinterlassen; die meisten, selbst solche in bedeutender Stellung, sind in wenigen Jahren vergessen. Was am längsten bleibt, ist die Erinnerung an Treue.

14. APRIL

„Du sollst dir kein Bildnis machen noch irgendein Gleichnis." Sollte das nicht auch von dem Ebenbild Gottes auf Erden gelten und daher alle Bildnisse, Photographien, Selbstbiographien und dergleichen einschließen? Jedenfalls dienen diese Dinge der menschlichen Eitelkeit mehr als sie sonst nützen. Wir besitzen von den allerbedeutendsten Menschen, Abraham, Mose, den Aposteln (Christus selbstverständlich), keine solche Versinnlichung ihres Wesens. Wahrscheinlich zu ihrem Vorteil; denn meistens wird auch heute noch unsere Vorstellung von einem Menschen durch sein Bild oder seine Lebensbeschreibung nicht erhöht, sondern eher vermindert.

15. APRIL

Bis jetzt habt ihr noch nie um etwas in meinem Namen gebeten. Bittet, so werdet ihr empfangen, damit eure Freude vollkommen sei!
Johannes 16,24

Kommt etwas Nachteiliges unversehens an dich heran, so tue zuerst dagegen, was nach den Regeln des gesunden Menschenverstandes zu seiner Abwehr unmittelbar geschehen kann. Dann aber wirf dich geistig – oder wenn es dich beruhigt, auch körperlich – unserem Herrn zu Füßen und bitte zunächst um die richtige Einsicht und sodann um Geduld oder Abhilfe, je nachdem es erforderlich sein mag.
Dann gehe mit Ruhe wieder an deine Arbeit und halte dich nicht mit unnützen Sorgen auf.

16. APRIL

Trägheit zum Guten ist ein sehr großer Fehler, vielleicht der größte von allen, weil gar nichts Gutes an ihm zu finden ist. Dessen ungeachtet rechnen ihn manche Menschen bei sich und anderen nicht hoch an, weil er eben rein passiv ist und oft nicht einmal erkannt wird.
Wäre man ganz klug, so würde man möglichst viele Gelegenheiten zu guten Handlungen wünschen und suchen, während man ihnen oft sogar lieber ausweicht. Darum stellen wir uns das Himmelreich als unbeschränkte Möglichkeit zu guten Handlungen vor. Ein anderer Himmel wäre eines denkenden Menschen nicht würdig, und das uns oft überfallende Ruhebedürfnis kann nicht ein ganzes, schon gar kein ewiges Leben ausfüllen, sondern ist nur ein vorübergehendes Gefühl.
Das ist auch, im Gegensatz, die Hölle schon auf Erden: nichts Gutes zu tun haben und auch keine Kraft und Lust dazu verspüren. Darin vegetieren viele, die es besser haben könnten.

17. APRIL

Gegen die Eitelkeit ist der beste Schutz der Hochmut, der sie verachtet. Gegen den Hochmut aber, der der viel gefährlichere Feind ist, schützt nur die Nähe Gottes, vor dessen Angesicht alle menschliche Bedeutung in nichts versinkt und alle menschlichen Unterschiede auf ein Unbedeutendes zusammenschrumpfen.

Die Menschen schätzen am meisten ein ruhiges, festes Selbstbewußtsein ohne Eitelkeit, das ihr Lob weder provoziert noch verachtet.

18. APRIL

Und tiefgebückt werden zu dir kommen die Söhne deiner Bedrücker, und alle, die dich geschmäht, werden dir zu Füßen fallen und dich nennen „Stadt des Herrn", „Zion des Heiligen Israels". Statt daß du verlassen bist und verhaßt, von niemandem besucht, will ich dich herrlich machen auf ewige Zeiten, zur Wonne für alle Geschlechter. Jesaja 60, 14–15

Und das Werk der Gerechtigkeit wird Friede sein und die Frucht des Rechtes Sicherheit auf ewig. Und mein Volk wird an der Stätte des Friedens wohnen in sicheren Wohnungen, an stillen Ruheplätzen. Jesaja 32, 17–18

Denn der Herr ist unser Richter, der Herr unser Gesetzgeber; der Herr ist unser König, er wird uns helfen. Schlaff sind deine Taue, nicht halten sie das Gestell ihres Mastes, lassen die Flagge nicht flattern. Dann teilen Blinde Raub in Fülle, und Lahme erbeuten Beute. Jesaja 33, 22–23

Ungerechtigkeit, Verfolgung und Demütigung durch Menschen sind uns zeitweise zu unserer Erziehung gewiß nötig. Aber alle, die mit Gott in Frieden stehen, werden zuletzt erleben, was wir bei Jesjaja lesen.

Es ist am besten, man schweigt zu erlittenem Unrecht. Denn die Besseren unter den Widersachern sagen sich dann selbst das, was man ihnen sagen könnte; die anderen aber suchen und finden in jeder Erwiderung nur eine Entschuldigung für ihr Verhalten.

19. APRIL

Es gibt glückliche Augenblicke im Leben des Menschen, in denen er Gott durch alle Hüllen hindurch, die ihn nebelartig in unendlich vielfacher Schicht zu umgeben scheinen, so nahe kommt, daß ihm alle Konfessionen und Kulte als etwas sehr Menschliches vorkommen, das Gottes Gedanken sowie des Menschen Berufung gar nicht erreicht.
Aber das ist doch ebenso wahr, daß dem Glauben an Christus keine andere ausgesprochene und aussprechbare Darstellung jemals überlegen sein wird.

20. APRIL

Gegen heimliche Neider, deren es viele gibt, ist es die beste Abwehr, immer wieder neu Gutes zu produzieren. Dann stürzen sie sich schließlich in ihr eigenes Schwert oder gehen wenigstens still auf die Seite, wie der Teufel im Buch Hiob, von dem man gar nichts mehr hört, nachdem seine Bemühungen fruchtlos gewesen sind.
Nur dem einen weicht man nicht aus, wenn man auf die Kritik wenig achtet: für hochmütig gehalten zu werden, und manchmal ist sogar ein Körnchen Wahrheit darin.

21. APRIL

„Das Große tut nur, wer nicht anders kann." Wie wahr ist das! Man muß sich daher manchmal in diese Lage des Nicht-anders-Könnens versetzen, also einen großen Entschluß zwar vorher überlegen, dann aber, wenn man Klarheit hat, ihn auch unwiderruflich machen. Denn es folgt den größten Augenblikken des menschlichen Lebens immer eine Art Reue oder Rückkehr der gewöhnlichen Natur nach, eine Reaktion, die sich dann an einer festen Tatsache, wie an einem Damm, brechen muß. Dann erst ist der Sieg erfochten, den man sich dadurch wesentlich erleichtern kann.

22. APRIL

Und siehe, eine Stimme aus den Himmeln sprach: „Dies ist mein geliebter Sohn, an dem ich Wohlgefallen gefunden habe.“ Matthäus 3, 17

Versuchungen zum Zweifel müssen immer zuerst durch Glauben überwunden werden, nicht durch Verstandesgründe, die in solchen Augenblicken nicht ganz ausreichen. Dann aber bleibt etwas wie ein himmlischer Nachklang des Wortes aus dem Matthäusevangelium in der Seele zurück. Wenn wir mehr Mut hätten, würden wir uns dieser Gelegenheiten, so etwas zu erfahren, freuen. Aber wenn dies einmal öfter so geworden ist, so hören sie auf; denn sie haben keinen Zweck mehr. Nur zum Vergnügen schenkt uns Gott diese Freude nicht.

23. APRIL

Da sprach Jesus zu ihnen: Wahrlich, wahrlich, ich sage euch: Wenn ihr nicht das Fleisch des Sohnes des Menschen eßt und sein Blut trinkt, habt ihr kein Leben in euch. Wer mein Fleisch ißt und mein Blut trinkt, hat ewiges Leben, und ich werde ihn auferwecken am jüngsten Tage. Denn mein Fleisch ist wahre Speise und mein Blut ist wahrer Trank. Wer mein Fleisch ißt und mein Blut trinkt, bleibt in mir und ich in ihm. Johannes 6, 53–56

Erst wenn der Körper des Menschen das Gute und Wahre als wohltätige Gesundheit und das Schlechte, Unwahre oder Unreine, selbst in der angenehmsten Form, als Depression und Unwohlsein empfindet, ist der Mensch so geartet, wie er sein soll und im besten Fall sein kann. Vorher steht er, bei den allerbesten Grundsätzen, noch immer unter dem Einfluß des Bösen. Das meint Christus mit dieser von den Juden als paradox empfundenen Rede. Und das ist auch die Meinung des dunklen Spruchs der deutschen Mystiker: „Leiblichkeit ist das Ende aller Dinge.“

24. APRIL

Manchmal kommt einem alles, was man jemals Philosophie oder Theologie genannt hat, als eine wahre Armseligkeit von nur halbwahren Worten vor, die der Sache, die sie ausdrücken wollen, gar nicht auf den eigentlichen Grund zu gehen vermögen.

Dann leuchten in dieser Verdunkelung alles menschlichen Wissens die Erfahrungstatsachen, die man aus dem eigenen Leben von einem dennoch wirklichen und über all diese Beschreibungsversuche hinaus großartigen Gott besitzt, wie helle Sterne ewiger, unerschütterlicher und über alle menschliche Erklärungen erhabener Wahrheiten.

Daraus allein entsteht der feste Glaube, aber auch ein tiefer Mystizismus, der von niemandem recht verstanden wird, der ihn nicht selbst besitzt. Anderen ist es eine „Torheit", uns aber eine „Gotteskraft".

25. APRIL

Die feste und eigentliche Grundlage der christlichen Lebensanschauung beruht darauf, daß das Böse in der Welt und im einzelnen Menschen grundsätzlich schon besiegt ist und es sich bloß noch darum handelt, diesen Sieg praktisch, für den einzelnen Fall, auch geltend zu machen und zu verfolgen. Das ist das, was man das Geheimnis der „Erlösung" nennt, die durch Christus geschehen ist, ein für allemal, unzweifelhaft und unwiderruflich für alle, die sich darauf berufen wollen.

Wäre das nicht so, so wäre es allerdings möglich, an dem Sieg des Guten zu verzweifeln; so aber ist diese Verzweiflung stets Mangel an persönlichem Mut und, wenn sie tatsächlich wird, Hochverrat an der Sache der Menschheit.

26. APRIL

Jedesmal, wenn ich mich in meinem Leben auf Menschen verließ, sind diese Stützen zusammengebrochen oder mir bald entzogen worden. Dagegen kann ich mich keines Falles erinnern, in dem das Vertrauen auf Gott, wenn es gänzlich vorhanden war, ganz getäuscht worden wäre.

27. APRIL

Man sieht die Menschen ganz anders an und beurteilt sie überhaupt nur richtig, wenn man nichts von ihnen haben will. Wenn man oberflächliche Freunde lange behalten will, muß man sich hüten, viel von ihnen zu verlangen.

28. APRIL

Alles menschliche Denken, auch das beste, hat die Neigung, mechanisch zu werden, zu einer Einkleidung in Wortformeln, welche die beständige, mühsame innere Arbeit ersetzen und die Sache wenigstens für die Nachkommenden bequemer machen sollen. Diese Formeln müssen daher einer beständigen Erneuerung, Erklärung für jede Generation unterliegen, die durch die jeweils bestehende Gegnerschaft hervorgerufen wird.

29. APRIL

An die christlichen Prediger und Theologen lege stets den Maßstab, den die Apostel uns an die Hand geben. Die nicht an die Auferstehung Christi glauben können, haben – ganz unbeschadet ihrer sonstigen guten menschlichen Eigenschaften –

den Geist Gottes nicht, sondern noch ihren eigenen, menschlichen Geist, der sich gegen diese Tatsache stets sträuben wird. Wie er sich auch ebenso gegen den Glauben an einen wirklichen Gott sträuben muß, der gar nicht leichter, sondern eher noch schwerer ist, da niemand ihn je gesehen hat, den Auferstandenen aber viele und sogar gleichzeitig.

Hernach erschien er mehr als fünfhundert Brüdern auf einmal, von denen die Mehrzahl bis jetzt noch am Leben ist, einige aber entschlafen sind.
1. Korintherbrief 15,6

Aber ihr werdet Kraft empfangen, wenn der heilige Geist über euch kommt, und werdet meine Zeugen sein in Jerusalem und in ganz Judäa und Samarien und bis ans Ende der Erde …
Von der Taufe des Johannes an bis zu dem Tage, an dem er von uns hinweg emporgehoben wurde – einer von diesen muß mit uns Zeuge seiner Auferstehung werden. Apostelgeschichte 1,8.22

Diesen Jesus hat Gott auferweckt, wofür wir alle Zeugen sind.
Apostelgeschichte 2,32

So sei euch allen und dem ganzen Volk Israel kund, daß dieser durch den Namen Jesu Christi des Nazoräers, den ihr gekreuzigt habt, den Gott von den Toten auferweckt hat, gesund vor euch steht.
Denn es ist uns unmöglich, nicht zu reden von dem, was wir gesehen und gehört haben. Apostelgeschichte 4,10.20

Gott hat ihn sichtbar werden lassen, nicht dem ganzen Volk, sondern den von Gott vorher erwählten Zeugen, uns, die wir mit ihm gegessen und getrunken haben nach seiner Auferstehung von den Toten. Und er hat uns geboten, dem Volk zu predigen und zu bezeugen, daß er der von Gott bestimmte Richter der Lebendigen und der Toten ist.
Apostelgeschichte 10,41–42

Und er hat ihn für jedermann dadurch beglaubigt, daß er ihn von den Toten auferweckt hat.
Als sie aber von Auferstehung der Toten hörten, spotteten die einen, die andern sagten: Wir wollen dich darüber ein andres Mal wieder hören.
Apostelgeschichte 17,31b–32

Versuchung und Segen hängen eng zusammen. Die Versuchung kommt, wenn der Segen sonst nicht kommen könnte, weil ihm etwas entgegensteht, namentlich Sicherheit und Hochmut des sich selbst vertrauenden Herzens. Sie soll die Tür wieder öffnen, das Herz weich und offen machen. Der Segen folgt sofort, wenn dieser Zweck erreicht ist.

Mai

1. MAI

Wir sollen Gott froh machen, so werden, daß er sich freuen kann. Es ist ein seltsamer Gedanke, daß wir armen Würmer das können. Lies das Buch Hiob, das die unvollkommene Art, wie wir es können, vielleicht am lebenswahrsten dargestellt hat. Versuche es einmal; fasse den Gedanken, Gott froh zu machen.

Dies ist meine Ruhstatt für und für;
hier will ich wohnen,
denn ich habe sie erkoren.
Psalm 132,14

Nun habe ich dieses Haus erwählt und zu meinem Heiligtum gemacht, daß mein Name daselbst bleibe immerdar, und meine Augen und mein Herz sollen daselbst sein allezeit. 2. Chronik 7,16

2. MAI

Wenn man einmal entschlossen ist, Gottes Willen vollständig und nur ihn allein zu tun, muß man zunächst fleißig arbeiten und alle menschlichen Mittel dazu treu anwenden, aber dabei nicht sorgen. Denn die wirkliche Weisheit von oben wird einem sozusagen nie gegeben, bevor man sie braucht, und man ist auch in der Regel gar nicht innerlich vorbereitet, um sie recht verstehen zu können. Aber sie kommt ganz sicher zu rechter Zeit, wenn man ernstlich danach verlangt und bereit ist, sie anzunehmen. Man muß nur immer fortwährend aufmerksam sein, weder in bloßem Genuß des Augenblicks einschlafen und ruhen wollen noch irgendwie übermäßig hasten; denn Gottes Wege sind immer so, daß man darin zwar frisch und lebhaft, aber nie übermäßig arbeiten muß. Vor allem aber muß man auf jede Gelegenheit aufpassen, die sich bietet, das Rechte zu tun, sich durch nichts Unvorhergesehenes überraschen oder aus der Fassung bringen zu lassen und vor allem sehr mäßig reden. Zu vieles Sprechen führt oft in unüberschaubare Situationen.

Alles Arbeiten muß man gleich frisch anpacken, ohne lange und umständliche „Vorarbeiten". Gleich auf das Ziel, die entscheidenden Gedanken losgehen, deren es meistens nur ganz wenige dabei gibt. Das andere Nebenwerk kommt dann während der Arbeit von selbst hinzu.

3. MAI

Wenn die Menschen es ohne eigenen Versuch glauben könnten, was für ein Lebensgenuß es ist, keine Genüsse mehr zu suchen, sie würden alle, ohne Ausnahme, zu diesem System übergehen, und die Welt wäre mit einem Schlage geändert. In den großen Krisen des Lebens muß man immer zuerst wagen; dann kommt das Können und zuletzt das Sehen, daß es das Richtige war.

4. MAI

Die Hauptsache im Leben ist der einmal und gründlich gefaßte Entschluß, stets seine Pflicht zu tun und auf keine Neigungen oder Einwände dagegen viel zu achten. Kommt dann noch dazu die Überzeugung, daß man, um das zu können, an Gott glauben und mit ihm in steter Verbindung stehen muß, so ist die Sache gewonnen, das Herz fest geworden und der gerade Weg offen. Solange aber dies beides nicht vorhanden ist, ist das ganze ungeheure Gerede über Religion und Moral größtenteils nur ein leerer Schall.

5. MAI

Den schönsten Ausdruck der Weisheit des Altertums enthält die Stelle in dem bekannten Tagebuch des Kaisers Marc Aurel, das bei seinem unerwarteten Tode in den Falten seiner Toga

aufgefunden wurde: „Sei immerfort irgendwie den Menschen dienstbar und laß diese beständige Generosität dein einziges Vergnügen sein, ohne den von Zeit zu Zeit schuldigen Blick auf die Gottheit zu vergessen."
Es wird schwerlich jemals ein Mann an höchster Stelle vom bloß philosophischen Standpunkt aus etwas Besseres gesagt und getan haben. Wie arm aber ist das Leben mit einer solchen „Gottheit" – oder mit gar keiner!

6. MAI

Gott macht für die Seinigen den Ofen der Prüfungen nie zu heiß. Ganz im Gegenteil, er läßt immer noch etwas ab von dem, was beschlossen ist, und auch die Menschen dürfen nicht um ein Haar breit mehr schaden, als sie sollen.
Ich kann es selbst bezeugen, daß ich in allen schweren Zeiten meines Lebens nachher immer das bestimmte Gefühl hatte, sie hätten eigentlich noch etwas länger dauern oder härter sein können und sollen. Daher „nur frisch hinein, es wird zu tief nicht sein".

Als aber der Engel seine Hand gegen Jerusalem ausstreckte, um es zu verderben, da reute den Herrn das Unheil, und er sprach zu dem Engel, der unter dem Volke würgte: Genug! Zieh nun deine Hand zurück! 2. Samuel 24, 16 a

Er ließ sie von niemand bedrücken
und wies Könige um ihretwillen zurecht:
„Tastet meine Gesalbten nicht an,
und tut meinen Propheten kein Leid!"
1. Chronik 16, 21–22

Und David sprach zu Abisai und allen seinen Dienern: Seht, mein eigner leiblicher Sohn stellt mir nach dem Leben; wieviel mehr jetzt der Benjaminit! Laßt ihn fluchen! Der Herr hat ihn geheißen. Vielleicht sieht der Herr mein Elend an und gibt mir wieder Glück für den Fluch, der mich heute trifft. 2. Samuel 16, 11–12

7. MAI

Eine der gewöhnlichsten Torheiten frommer Menschen ist es, Gott irgend etwas „geben" oder ihm durch ihre „Tugenden" gefallen zu wollen. Wir wissen ja gar nicht, wie Gott wirklich ist, sondern haben nur eine ganz entfernte, sehr menschliche Vorstellung von ihm, die sich obendrein in mangelhaften Bildern auszudrücken versuchen muß. Soviel aber können wir sicher wissen, daß er im Vergleich mit unserem Denken und unseren Anschauungen ein ganz unermeßlich „großer Herr" ist, den wir mit unseren Namen und Ausdrücken nur herabziehen können, und auch jeder Unterschied zwischen den Menschen bezüglich „Tugenden" verschwindend klein sein muß. Was ihm gefällt, ist wahrscheinlich ganz einfach das Sehnen und Sich-Ausstrecken nach ihm, und was ihm am meisten mißfällt, ist sicherlich alles satte, reiche, selbstgerechte Wesen.

Jesus sprach zu ihnen: Wahrlich, ich sage euch: Die Zöllner und die Dirnen kommen vor euch in das Reich Gottes. Matthäus 21,31b

Wehe aber euch, ihr Schriftgelehrten und Pharisäer, ihr Heuchler, daß ihr das Reich der Himmel vor den Menschen zuschließt. Denn ihr kommt nicht hinein, und die, welche hinein wollen, laßt ihr nicht hinein.
Wehe euch, ihr Schriftgelehrten und Pharisäer, ihr Heuchler, daß ihr die Häuser der Witwen aufzehrt und (dabei) zum Schein lange Gebete sprecht. Deshalb werdet ihr ein strengeres Gericht empfangen.
Wehe euch, ihr Schriftgelehrten und Pharisäer, ihr Heuchler, daß ihr Meer und Land durchzieht, um einen einzigen Judengenossen zu gewinnen; und wenn er es geworden ist, macht ihr einen Sohn der Hölle aus ihm, zweifach schlimmer, als ihr seid. Matthäus 23,13–15

8. MAI

Wenn etwas eine Pflicht ist, so muß man gar nicht mehr fragen, ob man es tun solle oder nicht; damit fängt schon der Verrat an, und Gründe, seine Pflichten, selbst die offenbarsten, nicht zu tun, sind stets „wohlfeil wie Brombeeren".
Die widerwärtigsten, schon von Christus hart verurteilten, sind die „frommen" Gründe.

Wehe euch Gesetzeskundigen, daß ihr den Schlüssel der Erkenntnis weggenommen habt; ihr selbst seid nicht hineingekommen, und die, welche hinein wollten, habt ihr daran verhindert. Lukas 11,52

Er aber antwortete und sprach zu ihnen: Warum übertretet hinwiederum ihr das Gebot Gottes eurer Überlieferung wegen? Denn Gott hat geboten: „Ehre deinen Vater und deine Mutter!" und: „Wer Vater oder Mutter flucht, soll des Todes sterben."
Ihr aber sagt: Wer zu Vater oder Mutter spricht: Was dir von mir zugute kommen könnte, soll (vielmehr) eine Opfergabe (an den Tempel) sein – der braucht seinen Vater und seine Mutter nicht zu ehren; und so habt ihr das Wort Gottes eurer Überlieferung wegen ungültig gemacht. Ihr Heuchler, trefflich hat über euch Jesaja geweissagt:
„Dieses Volk ehrt mich mit den Lippen, doch ihr Herz ist weit weg von mir." Matthäus 15,3–8

9. MAI

Wer Gottes Hilfe verschmäht, der wird regelmäßig genötigt sein, Menschenhilfe in Anspruch zu nehmen, was weniger angenehm ist.
Solche Beispiele habe ich manche gesehen.

So spricht der Herr: Verflucht ist der Mann, der auf Menschen vertraut und (das schwache) Fleisch zu seinem Arm macht, während sein Herz von dem Herrn weicht! Er wird sein wie der kahle Strauch in der Steppe, er wird nicht erleben, daß Gutes kommt; im Glutland der Wüste wird er wohnen, im unwirtlichen Salzland. Gesegnet ist der Mann, der auf den Herrn vertraut und dessen Hoffnung der Herr ist! Er wird sein wie ein Baum, der am Wasser gepflanzt ist, der nach dem Bach seine Wurzeln ausstreckt. Er hat nichts zu fürchten, wenn die Hitze kommt, seine Blätter bleiben grün; auch im Jahr der Dürre bangt ihm nicht, er hört nicht auf, Früchte zu bringen.
Jeremia 17,5–8

10. MAI

„Mit guten Vorsätzen ist der Weg zur Hölle gepflastert", sagt ein sehr zutreffendes Sprichwort. Aber warum ist das so? Nicht bloß wegen der Wankelmütigkeit der menschlichen Herzen oder der Macht der gegenteiligen Einflüsse, die uns von allen Seiten umgeben, sondern sehr oft auch deshalb, weil unsere guten Vorsätze in der Tat unausführbar, der Kraft, der Zeit, den äußeren Umständen nicht angemessen sind.
Das ist unter der „Führung" Gottes anders. Da wird dem Menschen nichts zugemutet, das er nicht kann oder das unzeitig oder für das die Kraft noch nicht vorhanden ist.
Wenn du dich von Gott führen läßt, kannst du dir alle „Vorsätze" sparen; es kommt nach und nach und in der richtigen Reihenfolge alles, in der Form einer ganz deutlichen Aufforderung oder Gelegenheit an dich heran, das dich wahrhaft vorwärts bringt. Das nennt der Prophet „in Seilen der Liebe gehen", das heißt, wie ein kleines Kind gegängelt werden. Das ist besser als alle Vorsätze.

Aber sie wollten nicht erkennen, daß ich sie heilte, sie an mich zog mit Banden der Huld, mit Seilen der Liebe. Da wurde ich ihnen wie einer, der sie auf den Backen schlug: ich wandte mich wider sie und überwältigte sie.
Hosea 11,3b–4

Johannes antwortete und sprach: Ein Mensch kann nichts nehmen, es sei ihm denn vom Himmel gegeben. Johannes 3,27

11. MAI

Die größte Versuchung zum Zweifel läßt uns das Gute in der Welt und in uns selber weniger leicht sehen als das Böse, das sich viel breiter macht. So kommen Menschen dazu, an ihrem innern Fortschritt oder an der göttlichen Gerechtigkeit zu verzweifeln, obgleich sie auf einem guten Weg sind und ihnen Gottes Wille aus Geschichte und eigener Lebenserfahrung klar vor Augen sein müßte.

12. MAI

Manchmal scheint es uns längere Zeit hindurch, daß wir innerlich gar nicht vorwärts kommen. Dann kommt plötzlich ein Tag, an dem wir sehen, daß wir doch anders geworden sind als zuvor.

Und ich werde ihnen ein andres Herz geben und einen neuen Geist in ihr Inneres legen; ich werde das steinerne Herz aus ihrem Leibe herausnehmen und ihnen ein fleischernes Herz geben. Ezechiel 11,19

13. MAI

Auch die *innere* Entwicklung des Menschen ist natürlich eine stufenweise und macht, einzelne genial veranlagte Menschen ausgenommen, keine auffallend raschen Fortschritte. Man muß vielmehr lernen, Geduld mit sich selbst zu haben. Ein sicherer Höhepunkt ist dann erreicht, wenn ein Mensch ganz natürlich und ohne Anstrengung darauf verzichten kann, an sich selbst zu denken und alles unwillkürlich nach dem Maßstab seines Wohlbefindens und Behagens zu betrachten, vielmehr sich nur als einen Diener betrachtet. Das nennt die heilige Schrift einen „Knecht Gottes".

Höret auf mich, ihr Gestade, und merket auf, ihr Völker, von fernher! Von Geburt an hat mich der Herr berufen, meinen Namen genannt vom Mutterschoß an. Er machte meinen Mund wie ein scharfes Schwert, barg mich im Schatten seiner Hand; er machte mich zum glatten Pfeil, versteckte mich in seinem Köcher und sprach zu mir: Du bist mein Knecht, durch den ich mich verherrliche. Ich aber sprach: Umsonst habe ich mich geübt, um nichts und nutzlos meine Kraft verzehrt; und doch – mein Recht ist bei dem Herrn und mein Lohn bei meinem Gott. Nun aber spricht der Herr, der mich von Mutterleib an zu seinem Knecht gebildet, um Jakob zu ihm zurückzubringen und Israel zu ihm zu sammeln – ja, ich bin geehrt in den Augen des Herrn, und mein Gott ward meine Stärke –, er spricht: Zuwenig ist es, daß du mein Knecht sein solltest, nur um die Stämme Jakobs aufzurichten und die Geretteten Israels zurückzubringen; so will ich dich denn zum Lichte der Völker machen, daß mein Heil reiche bis an das Ende der Erde. Jesaja 49,1–6

Gott der Herr hat mir eines Jüngers Zunge verliehen, daß ich den Müden durch das Wort zu erquicken wisse. Er weckt alle Morgen, weckt mir das Ohr, wie ein Jünger zu hören, Gott der Herr hat mir das Ohr aufgetan, ich aber habe nicht widerstrebt, bin nicht zurückgewichen; den Rücken bot ich denen, die mich schlugen, und die Wangen denen, die mich rauften; mein Angesicht verhüllte ich nicht, wenn sie mich schmähten und anspieen. Aber Gott der Herr steht mir bei; darum bin ich nicht zuschanden geworden. Darum machte ich mein Angesicht kieselhart und wußte, daß ich nicht beschämt würde. Er, der mir Recht schafft, ist nahe; wer will mit mir hadern? Lasset uns zusammen hintreten! Wer will mit mir rechten? Er komme heran! Siehe, Gott der Herr steht mir bei; wer will mich verdammen? Siehe, sie alle zerfallen wie ein Gewand, die Motten werden sie fressen. Jesaja 50, 4–9

Die Menschen, die selbst nach ganz anderen Prinzipien leben, haben doch oft ein Gespür dafür, daß es solche anderen geben müsse; sie haben auch einen fast untrüglichen Instinkt für die Echtheit oder Unechtheit dieser Gesinnung. Es kommt wohl in geistlichen Gemeinschaften öfters vor, daß Leute, die noch tief im Egoismus stecken, bereits als „Knechte des Höchsten" angesehen werden. Mir ist dagegen kein einziges Beispiel bekannt, wonach sich die Welt darüber getäuscht hätte.

14. MAI

Wenn wir durch die Gnade Gottes eine tief empfundene Freude erfahren, so müssen wir sofort einen Gegner oder jemanden, der uns Unrecht getan hat – woran es ja nie fehlt –, begnadigen. Dadurch erst wird jener Besitz in den Augen Gottes legitim und unwiderruflich.

Da trat Petrus hinzu und sagte zu ihm: Herr, wie oft soll ich meinem Bruder, der wider mich sündigt, vergeben? Bis siebenmal? Jesus sagt zu ihm: Ich sage dir: Nicht bis siebenmal, sondern bis 77mal. Deshalb ist das Reich der Himmel gleich einem König, der mit seinen Knechten abrechnen wollte. Als er aber anfing, abzurechnen, wurde einer vor ihn gebracht, der war zehntausend Talente schuldig. Weil er jedoch nicht bezahlen konnte, befahl der Herr, daß er und sein Weib und seine Kinder und alles, was er hatte, verkauft und die Zahlung geleistet würde. Der Knecht warf sich nun vor

ihm zu Boden und sagte: Habe Geduld mit mir, und ich will dir alles bezahlen. Da hatte der Herr Erbarmen mit jenem Knecht und gab ihn frei, und die Schuld erließ er ihm.
Als aber jener Knecht hinausging, fand er einen seiner Mitknechte, der ihm hundert Denare schuldig war; und er ergriff ihn, würgte ihn und sagte: Bezahle, wenn du etwas schuldig bist! Sein Mitknecht warf sich nun nieder und bat ihn: Habe Geduld mit mir, und ich will dir's bezahlen. Er aber wollte nicht, sondern ging hin und ließ ihn ins Gefängnis setzen, bis er die Schuld bezahlt hätte. Als nun seine Mitknechte sahen, was geschehen war, wurden die sehr betrübt und kamen und berichteten ihrem Herrn alles, was geschehen war. Da ließ sein Herr ihn herbeirufen und sagte zu ihm: Du böser Knecht, jene ganze Schuld habe ich dir erlassen, weil du mich batest; hättest nicht auch du dich deines Mitknechtes erbarmen sollen, wie ich mich deiner erbarmt habe? Und sein Herr wurde zornig und übergab ihn den Folterknechten, bis er alles bezahlt hätte, was er ihm schuldig war. So wird auch mein himmlischer Vater euch tun, wenn ihr nicht jeder seinem Bruder von Herzen vergebt. Matthäus 18,21–35

15. MAI

Eine der unangenehmsten Empfindungen, denen man auf dem Lebensweg begegnen kann, ist der Neid. Er muß ertragen werden; Neider lassen sich nicht begütigen.
Neid ist eigentlich die schlimmste Eigenschaft der Menschen, unter der man am meisten zu leiden hat und welche die Ausbreitung des Guten am meisten hindert.
Man muß sich aber auch hüten, den Neid durch absichtliche Schaustellung von Vorzügen, Besitz und dergleichen zu erregen. Damit gibt man Veranlassung zu einer inneren Gefährdung der Nächsten, die unter dem Fluch des „Ärgernisses" steht.

16. MAI

Die Aufgabe sieht so einfach aus: An Gott *wirklich* glauben und danach leben. Aber die Ausführung ist schwer. Daran studiert die Christenheit schon durch zwei Jahrtausende und kommt damit nicht recht zustande. Tausende von Gelehrten schon versuchten es zu lehren und kamen damit selbst nicht zurecht.

17. MAI

Die Ablehnung des Gottesglaubens ist für jemanden, der ihn nie selbst intensiv empfunden hat, sehr leicht, und viele haben sich damit eine vorübergehende Bedeutung erworben; denn ein dafür empfängliches Publikum ist natürlich stets zu finden gewesen.
Aber diejenigen, die Gott aus Erfahrung kannten, überzeugten sie nicht mit ihren oft bloß negativen Beweisen. Es ist auch nicht möglich, aus Fragmenten des Judentums und Christentums eine haltbare und in allen Lebenslagen trostvolle „Weltanschauung" aufzubauen. Die Welt bedarf zu sehr des Christentums.

Der Himmel und die Erde werden vergehen, meine Worte aber werden nicht vergehen. Matthäus 24,35

18. MAI

Schon ein alter Philosoph sagt, daß der Mensch nur durch die Teilnahme an dem göttlichen Leben wahrhaft glücklich werden könne. Seit den anderthalb Jahrtausenden, die seither verflossen sind, ist es nicht anders geworden, für niemanden.
Es ist dabei eine besonders schöne Sache, daß sich Gott nicht betrügen läßt wie die Menschen, so daß alle bloß formalen An-

näherungen an ihn keinen Sonnenschein in ein verdüstertes Herz zaubern können, auch keine religiöse Schwärmerei diesen Zweck erreicht. Die Nähe Gottes ist vielmehr ein ganz eigentümlich stilles Gefühl des Friedens, das davon weit entfernt ist.

Und als Mose den Namen des Herrn anrief, ging der Herr vor seinem Angesicht vorüber und rief: Der Herr, der Herr – ein barmherziger und gnädiger Gott, langmütig und reich an Huld und Treue. 2. Mose 34, 5b–6

Nach dem Erdbeben ein Feuer; aber der Herr war nicht im Feuer. Nach dem Feuer das Flüstern eines leisen Wehens. 1. Könige 19, 12

Die Nähe Gottes ist auch das bei weitem intensivste aller menschlichen Gefühle. Mit Freundschaft und Liebe oder irgend etwas anderem ist sie nicht entfernt zu vergleichen. Daß ein Gefühl von solcher Kraft von einem wirklichen Gegenstand ausgehen muß, braucht für die, welche es selber kennen, keiner weiteren Beweisführung; sie bedauern nur jeden Tag ihres Lebens, an dem sie es noch nicht gekannt haben.

19. MAI

Da sprach sein Weib zu ihm: Noch hältst du fest an deiner Frömmigkeit? Fluche Gott und stirb! Hiob 2, 9

Man kann vermöge des freien Willens, den der Mensch auch Gott gegenüber besitzt, Gott auch absagen, das heißt, das Verhältnis zu ihm wissentlich und absichtlich lösen. So ist die „Gnadenwahl“ nicht gemeint, daß dieses nicht möglich wäre. Auch David im Alten Testament hätte das tun können, wenn er in königlichem Machtbewußtsein die Strafrede des Propheten Nathan zurückgewiesen hätte, und sogar bei unserem Herrn muß man diese Möglichkeit annehmen. Diese Möglichkeit, Gott zu verlieren, den man einmal besessen hatte, ist eine der dunkelsten Möglichkeiten im menschlichen Leben, und

viele rätselhafte Erscheinungen, auch Krankheiten, haben darin ihren Ursprung.
Es ist nicht gut, darüber viel nachzudenken; viel besser ist der Entschluß, den Faden der Verbindung mit Gott unter keinen Umständen abreißen zu lassen.

20. MAI

Mir sind Haß und Zorn nie gelungen. Ich wurde immer, oft durch merkwürdige Zufälle, gezwungen, sie wieder aufzugeben. Dagegen wurde ich auch stets von allen Menschen wieder losgemacht, die auf mich einen sehr großen Einfluß hätten gewinnen können. Daß Gott ein „eifersüchtiger" Gott ist, der keine Konkurrenz duldet, habe ich in meinem Leben Hunderte von Malen erfahren.
Man muß die Menschen lieben, wenn man von ihnen vollkommen unabhängig sein will. So sonderbar das klingt, so buchstäblich ist es wahr. Es beweist am eindrücklichsten eine göttliche und unabänderliche Weltordnung, die gar nicht auf Egoismus oder „Realpolitik" basiert und der niemand ungestraft Widerstand leistet.

21. MAI

Briefe von ganz unbekannten Personen muß man von hinten nach vorn lesen; man sieht dann sogleich, was sie eigentlich wollen und läßt sich nicht durch den Eingang täuschen, der oft bloß eine höfliche Floskel ist.

22. MAI

Siehe nun zu, ob das Licht, das in dir ist, nicht etwa Finsternis sei! Wenn nun dein ganzer Leib voll Licht ist und gar keinen finstern Teil an sich hat, wird er ganz (so) voll Licht sein, wie wenn das Licht dich mit seinem Strahl beleuchtet. Lukas 11,35–36

Daß der menschliche Leib, wenn er ganz licht geworden ist, auch den Geist erleuchten und kräftigen kann, das ist das bedeutendste Wort, das von ihm gesagt ist, und der fundamentale Glaubenssatz für die Medizin. Der vorangehende Vers 35 hingegen ist der Leitgedanke für die Philosophie.

23. MAI

In Dingen des Glaubens gilt nur unbedingteste Aufrichtigkeit und Realität, so daß jede Formalität, die keinen Geist in sich hat, zum Beispiel ein Tischgebet ohne Aufmerksamkeit, ein Kirchgang ohne Lust dazu, ein Hausgottesdienst mit Widerwillen dagegen, dem Glauben nichts nützt, sondern schadet.

24. MAI

Im Verkehr mit Menschen schadet die Eitelkeit am meisten. Alle Menschen, auch die einfachsten, haben einen sicheren Instinkt dafür, und sie fühlen sich nur dort heimisch, wo sie keine bemerken.

Eitelkeit sieht man immer, und sie gefällt niemandem, während andere Laster noch ihre Bewunderer finden. Sie ist daher das törichtste aller Laster, da es niemals seinen Zweck erreicht.

Wirksam im Verkehr mit anderen ist eine ruhige, unveränderliche Freundlichkeit. Selbst die kleinsten Kinder und vollends alle Tiere bemerken sie und ganz besonders, ob sie eine bloß für den augenblicklichen Anlaß gemachte oder eine andauernde Charaktereigenschaft ist.

25. MAI

Es ist eine herrliche Sache, daß es so viel braucht, um eine Menschenseele vom rechten Weg abwendig zu machen, so daß es der Teufel in den meisten Fällen ohne Zuhilfenahme edler Motive gar nicht fertig bringt; während ein einziger Aufblick oder Aufschrei zu Gott genügt, um alle seine Arbeit zunichte zu machen. Daher aber, weil es so leicht ist, seinen Schlingen zu entgehen, wenn jemand hineingeraten ist, ist es auch nur gerecht, daß die Verzagten und die Pessimisten, die auch dies wenige nicht tun mögen, ein hartes Urteil trifft.

Den Feiglingen aber und den Ungläubigen und Befleckten und Mördern und Unzüchtigen und Zauberern und Götzendienern und allen Lügnern ist ihr Teil in dem See, der von Feuer und Schwefel brennt, und dies ist der zweite Tod. Offenbarung 21, 8

Und der Geist und die Braut sagen: Komm! Und wer es hört, der sage: Komm! Und wer dürstet, der komme; wer will, der nehme Wasser des Lebens umsonst! Offenbarung 22, 17

26. MAI

Brich die Ketten, die dich fesseln! Sie sind alle nur unzerbrechlich gegenüber der eigenen Kraft, aber nicht für die göttliche Macht, die in jedem Augenblick zu haben ist. Es fehlt noch irgend etwas in dir, das du ändern kannst, wenn die Hilfe nicht eintritt. Auch das wird dir Gott zeigen, wenn du es nicht kennst; in den allermeisten Fällen kennst du es aber ganz gut.

27. MAI

Jedem großen Fortschritt geht gewöhnlich eine Versuchung zur Verzweiflung voran und jedem großen Leiden eine ungewöhnliche innere Freude und Kraftempfindung, durch die uns

Gott dazu stärken will. Ich bin nie unglücklicher gewesen als vor erheblichen Erfolgen, und nie so freudig und kräftig gestimmt als vor schwersten Lebensereignissen.
Wenn du melancholisch, ängstlich oder sonst mißgestimmt bist, dann nimm sogleich eine ernsthafte Arbeit vor oder, wenn sich das nicht tun läßt, mache jemandem – dem „Nächsten" im Sinne des Evangeliums – eine kleine Freude, was immer möglich ist. Das ist weit zweckmäßiger, als mit irgendeinem Genuß oder einer Zerstreuung den finsteren Geist bannen zu wollen, was die gewöhnliche Praxis ist, bei der er aber bald wiederkehrt.
Bei anderen ist das ebenfalls oft durch ein kleines Geschenk leichter zu erreichen als durch ein großes Ermahnen und Zureden.

28. MAI

Die Achtbarkeit ist oft ein Hindernis auf dem Weg der Christen. Man hat sie sogar einen „Fluch der heutigen Christenheit" genannt. Nur nichts Ungewöhnliches, Außerordentliches tun, über das geredet werden kann, mit dem man unter die Zungen der Menschen kommt! In der Tat sind das scharfe Messer, unter denen oft nicht viel von unserem bisherigen guten Ruf übrigbleibt. Aber dann kommt eben die Nötigung eines größeren Wiederaufbauens, und was die Hauptsache ist, es kommt die Hilfe Gottes bei diesem zweiten Aufbau unserer Existenz.

29. MAI

Alles, was wirklich in uns geschieht, sind Tatsachen, nicht unsere Gedanken. Es entsteht eben etwas, was bisher nicht da war. Aber der Weg, auf dem dieses Geschehen zu uns kommen kann, ist die Zuversicht, daß es geschehen werde. „Nach eurem Glauben wird euch geschehen." Wer viel davon hat, wird viel empfangen.

Die schweren Dinge sind vorher alle schwerer in der Einbildung als nachher in der Wirklichkeit. Selbst Christus empfand sein Leiden mehr in Gethsemane als vor dem Hohenpriester und dem römischen Richter, ja vielleicht selbst am Kreuz. Wenn es eine Möglichkeit für ihn gab, zurückzuschrecken und nachgebend zu unterliegen, dann jedenfalls in Gethsemane.

Das Schlimme – oder vielleicht das Gute? – für den Glauben ist es, daß man die allerkräftigsten Glaubenserfahrungen gar nicht erzählen kann oder daß sie sich, wenn erzählt, kleinlich oder unglaubwürdig für andere ausnehmen.

30. MAI

Die wahre Heiligkeit besteht darin, Gottes Willen immer, gern, mit Leichtigkeit, ja sozusagen selbstverständlich zu tun und zu erleiden. Jede andere Heiligkeit ist unecht.

31. MAI

Reichtum und Segen sind zwei ganz verschiedene Dinge, und Reichtum, bei dem kein Segen ist, ist überhaupt nicht viel wert. Erwerben kann man den Segen nicht; er ist eine geheimnisvolle Kraft und Gabe und hängt an einzelnen Menschen wie eine Eigenschaft, die sie überallhin begleitet und sich auch auf solche erstreckt, die ihnen wohlwollen und Gutes tun. Wenn man klug genug wäre, würde man stets versuchen, mit solchen Menschen in Beziehung zu kommen, und die anderen, bei denen kein Segen ist, möglichst zu meiden.

Dann sprach sein Vater Isaak zu ihm: Komm her, mein Sohn, und küsse mich. Und er trat herzu und küßte ihn. Da roch er den Geruch seiner Kleider, und er segnete ihn und sprach:

Siehe, der Geruch meines Sohnes
ist wie der Geruch des Feldes,
das der Herr gesegnet hat.
Gott gebe dir vom Tau des Himmels
und vom Fett der Erde
und Korn und Wein die Fülle!
Völker sollen dir dienen
und Nationen sich vor dir beugen!
Sei ein Herr über deine Brüder,
und deiner Mutter Söhne
sollen sich vor dir beugen!
Verflucht ist, wer dir flucht,
und gesegnet, wer dich segnet!
1. Mose 27,26–29

Gott ist kein Mensch, daß er lüge,
kein Menschenkind, daß ihn gereue,
was er gesprochen,
sollte er's nicht tun?
was er geredet,
sollte er's nicht ausführen?
Siehe, zu segnen bin ich geheißen;
so muß ich segnen
und kann es nicht wenden:
Nicht schaut man Ungemach in Jakob,
nicht sieht man Unheil in Israel.
Der Herr, sein Gott, ist mit ihm
und Königsjubel in seiner Mitte.
Gott, der sie aus Ägypten geführt,
ist ihnen (Waffe) wie die Hörner dem Wildstier.
4. Mose 23,19–22

Als nun der Herr diese Worte zu Hiob geredet hatte, da sprach er zu Eliphas von Theman: Mein Zorn ist entbrannt wider dich und deine zwei Freunde; denn ihr habt nicht recht von mir geredet wie mein Knecht Hiob. Und nun nehmet sieben Stiere und sieben Widder und geht zu meinem Knechte Hiob, und bringt ein Brandopfer für euch dar, und mein Knecht Hiob mag für euch bitten; nur seine Fürbitte werde ich annehmen, daß ich euch nicht etwas Schlimmes antue, weil ihr nicht recht von mir geredet habt wie mein Knecht Hiob. Da gingen Eliphas von Theman, Bildad von Suah und Zophar von Naama hin und taten nach dem Befehl des Herrn. Und der Herr nahm die Fürbitte Hiobs an. Hiob 42,7–9

Eines Tages begab es sich, daß Elisa nach Sunem hinüberging. Dort wohnte eine reiche Frau, die nötigte ihn, bei ihr zu essen. Sooft er dann vorbeikam, kehrte er bei ihr zum Essen ein. Da sprach sie einst zu ihrem Manne: Sieh, ich habe gemerkt, daß es ein heiliger Gottesmann ist, der da immer bei uns vorbeikommt. Wir wollen ein kleines gemauertes Obergemach errichten lassen und ihm Bett, Tisch, Stuhl und Leuchter hineinstellen; wenn er dann zu uns kommt, kann er dort einkehren. 2. Könige 4,8–10

Und wenn das Haus würdig ist, soll euer Friedensgruß über dasselbe kommen. Ist es aber nicht würdig, so soll euer Friedensgruß zu euch zurückkehren. Und wenn man euch nicht aufnimmt noch eure Worte anhört, so gehet fort aus jenem Haus oder aus jener Stadt und schüttelt den Staub von euren Füßen. Wahrlich, ich sage euch: Es wird dem Lande Sodom und Gomorrha am Tage des Gerichtes erträglicher ergehen als dieser Stadt.
Matthäus 10,13–15

Juni

1. JUNI

Die Liebe macht viel klüger als alles andere. Sie allein gibt den rechten, durchdringenden Einblick in das Wesen der Menschen und Dinge und in die richtigsten Wege und Mittel, mit denen ihnen zu helfen ist.
Man fragt daher besser: „Was ist das Liebevollste in dieser oder jener Sache?", statt: „Was ist das Klügste?"; denn das erste ist viel leichter wahrnehmbar als das letzte.

2. JUNI

Die höhere Lebensklugheit sieht auf das Ende einer Sache statt auf den scheinbaren Augenblickserfolg.

3. JUNI

Tastet meine Gesalbten nicht an und tut meinen Propheten kein Leid!
Psalm 105,15

Dieser Satz wird gewöhnlich nur wörtlich verstanden. Aber es umfaßt auch den Fall des Schutzes der Gottbefohlenen vor der Freundschaft und dem üblem Einfluß bloß irdisch gesinnter Leute, der ihnen mehr schaden könnte als alle Feindschaft und Verfolgung.

4. JUNI

Wenn wir traurig sind, so ist immer das „Ich" mitschuldig daran.
Jede Abnahme des Ich erhöht die geistige Kraft.

5. JUNI

Klagen muß man schließlich dem, der helfen kann, nicht den Menschen, die es sehr oft nicht können, oft auch nicht wollen und fast immer mehr oder weniger Furcht oder Abneigung dagegen empfinden.

6. JUNI

Wenn es Gott gibt, dann gibt es auch notwendigerweise eine Gerechtigkeit für die Guten und eine Strafe für die Bösen. Es ist eine Gotteslästerung, das zu bezweifeln. Gibt es aber keinen Gott, so wäre es schon aus bloßen Vernunftgründen immer noch sicherer, selber gut zu handeln als schlecht.

7. JUNI

Für die einzelnen Menschen ist oft genug die gewaltsame innere Revolution das Beste – keine neuen Lappen auf das alte Kleid! Für die Gesamtheit, die Gesellschaft, wird man hingegen stets mit der Reform weiter kommen als durch einen völligen Bruch mit der Vergangenheit. Christus selbst beklagte es zu seiner Zeit, daß es zu dem Bruch kommen mußte, nicht ohne Hoffnung, daß er einst doch noch geheilt werde.

Jerusalem, Jerusalem, das die Propheten tötet und die steinigt, die zu ihm gesandt sind, wie oft habe ich deine Kinder sammeln wollen, wie eine Henne ihre Küchlein unter ihre Flügel sammelt, und ihr habt nicht gewollt! Siehe, euer Haus wird euch öde gelassen. Denn ich sage euch: Ihr werdet mich von jetzt an nicht (mehr) sehen, bis ihr sprechen werdet: „Gepriesen sei, der da kommt im Namen des Herrn.“ Matthäus 23, 37–39

Dieser auf den ersten Blick auffallende Widerspruch löst sich dadurch, daß in Wirklichkeit niemals sogleich im Ganzen und Großen reformiert wird, sondern immer nur dadurch, daß einzelne eine bessere Wahrheit, als die im allgemeinen zu ihrer

Zeit geltende, zuerst in sich deutlich empfinden und ihr dann durch Lehre und Leben Ausdruck geben.

Mein Ratschluß erfüllt sich, und all mein Vorhaben führe ich aus.
Jesaja 46,10b

Höret auf mich, ihr Gestade, und merket auf, ihr Völker, von fernher! Von Geburt an hat mich der Herr berufen, meinen Namen genannt vom Mutterschoß an. Er machte meinen Mund wie ein scharfes Schwert, barg mich im Schatten seiner Hand; er machte mich zum glatten Pfeil, versteckte mich in seinem Köcher und sprach zu mir: Du bist mein Knecht, durch den ich mich verherrliche. Jesaja 49,1–3

Noch ehe ich dich bildete im Mutterleibe, habe ich dich erwählt; ehe du aus dem Schoße hervorgingst, habe ich dich geweiht: zum Propheten für die Völker habe ich dich bestimmt. Da sprach ich: Ach, Herr, mein Gott, ich verstehe ja nicht zu reden; ich bin noch zu jung. Aber der Herr antwortete mir: Sage nicht: „Ich bin noch zu jung", sondern zu allen, zu denen ich dich sende, wirst du gehen, und alles, was ich dir gebiete, wirst du reden. Fürchte dich nicht vor ihnen; denn ich bin mit dir, dich zu erretten, spricht der Herr. Und der Herr streckte seine Hand aus und berührte meinen Mund. Und er sprach zu mir: Damit lege ich meine Worte in deinen Mund. Siehe, ich setze dich heute über die Völker und über die Königreiche, auszureißen und niederzureißen, zu verderben und zu zerstören, zu pflanzen und aufzubauen.
Du aber gürte deine Lenden, mache dich auf und rede zu ihnen alles, was ich dir gebiete. Erschrick nicht vor ihnen, daß ich dich nicht vor ihnen erschrecken mache! Ich selbst, ich mache dich heute zur festen Burg, zur eisernen Säule und zur ehernen Mauer wider das ganze Land, wider die Könige Judas und seine Fürsten, wider seine Priester und wider das Volk des Landes. Sie werden wider dich streiten, dich aber nicht überwältigen; denn ich bin mit dir, spricht der Herr, dich zu erretten. Jeremia 1,5–10.17–19

Darum sprach der Herr also: Wenn du umkehrst, darfst du wieder vor mir stehen, und redest du Edles, nicht Gemeines, so darfst du mein Mund sein. Sie sollen sich zu dir hinwenden; du aber wende dich ihnen nicht zu. Ich mache dich für dieses Volk zur festen, ehernen Mauer, und sie werden wider dich streiten, dich aber nicht überwältigen; denn ich bin mit dir, dir zu helfen, dich zu retten, spricht der Herr. Ich rette dich aus der Hand der Bösen, erlöse dich aus der Faust der Tyrannen. Jeremia 15,19–21

Diese Menschen sind nach dem Wort Christi „der Sauerteig in den zwei Scheffeln Mehl", oder nach Luther: die „Helden und fürtrefflichen Leute, durch welche Gott die Welt regiert".

8. JUNI

Beten und Denken sind keine Gegensätze; im Gegenteil, es gehört beides zum vollen Erfassen der Wahrheit: ernsthaftes Suchen und Mitteilung der Offenbarung Gottes. Eines ohne das andere wirkt nicht so vollkommen, als es sonst möglich wäre.

9. JUNI

Der gefährliche Moment im Leben ist gekommen, wenn es zeitweise anfängt, etwas langweilig zu werden. Dann sinken die einen, in Ermangelung größerer Ziele, in eine vielleicht mäßige, aber doch geistlähmende Genußsucht zurück; andere suchen in Ehrgeiz oder Habsucht die Aufregung, die ihnen in ihrer täglichen Arbeit fehlt; dritte machen aus der Gottseligkeit ein Gewerbe oder wenigstens eine Unterhaltung.
Das Leben erscheint fast einfältig, wenn man bloß das Wahre in allen Dingen ins Auge faßt. Daher suchen die Menschen leicht etwas anderes, das sie mehr beschäftigt und aufregt.
Seinen Lieblingen aber schickt Gott Leiden und schwere Lebensaufgaben als Würze des Daseins, bis sie über diese gefährliche Lebensstufe hinweg sind.

10. JUNI

Man kann dahin gelangen, daß man Leiden lieber als Freuden hat, die man im Gegenteil zu fürchten gelernt hat. Dann ist das Schwerste des Lebens vorbei.
Es ist jedenfalls nicht richtig, daß wir das Leiden so rasch wie möglich beseitigen wollen oder es ganz unempfindlich, soweit dies uns möglich ist, aushalten. Wir müssen es benutzen als eine Zeit der Saat, aus der Früchte des Segens hervorgehen können. Eine Zeit, die, einmal vorüber, nicht so leicht und in gleicher Art und Weise wiederkehrt.

Es ist eine der größten Gnaden Gottes, daß man die Hauptschwierigkeiten einer guten und großen Sache erst erblickt, wenn der Sieg nahezu erfochten ist. Es hätte sonst niemand den Mut, den Kampf zu beginnen.

11. JUNI

Eine der wunderbarsten Erfahrungen, an die niemand glauben kann, ohne so etwas selbst erlebt zu haben, ist die vorsichtige, langsame Führung Gottes. Immer geht es durch Schmerzen und Angst. Fortwährend muß der Mensch bereit sein, alles zu opfern, was er besitzt. Seinen Willen, dasjenige, was er allein wirklich sein eigen nennt, soll er vollständig an Gott abtreten. Dann öffnet sich plötzlich eine neue Sicht, aus der das Vorhergehende klar wird. Man hat glücklich gewählt und ist um eine neue Freiheit bereichert – für immer.
Denn Vergangenes kehrt nicht wieder zurück auf dem Weg der Führungen Gottes. Das ist der große Unterschied zu den selbstgewählten Wegen der menschlichen Vollkommenheit, die meistens nur ein fruchtloses Aufflattern und mattes Zurücksinken in die gewöhnliche Denkungsweise aller Welt ist.

12. JUNI

Die sicherste Gewißheit von der Existenz einer Macht, die auf unser Leben Einfluß hat, gab mir die Erfahrung, daß die bedeutenden Ereignisse in meinem Leben stets ohne meinen Willen, ja sehr oft gegen ihn eingetreten sind.

13. JUNI

Die Menschen, die wirklich an Gott glauben, sind eigentlich von einer anderen Art und kommen sich mitunter selber fremd in der Welt vor. Denn dieser wirkliche Glaube ist, wie es ja schon Christus sagt, etwas anderes als der gewöhnliche. Er versetzt nicht bloß Berge, sondern auch, was noch schwerer ist, Herzen und Gedanken der Menschen. Er besteht nicht ohne das Kommen Gottes zu den Menschen, die ihn suchen. Das ist ein Wunder ohnegleichen. Das aber muß auch heute möglich sein, wenn es jemals so gewesen ist, und auf dieses Heil warten wir jetzt.

Deiner Hilfe harre ich, Herr! 1. Mose 49,18

14. JUNI

Siehe, ich stehe an der Tür und klopfe an. Wenn jemand meine Stimme hört und die Tür öffnet, werde ich zu ihm hineingehen und das Mahl mit ihm halten und er mit mir. Offenbarung 3,20

Es ist eine großartige Auffassung von der menschlichen Willensfreiheit, wenn die Offenbarung sagt, daß wir dem anklopfenden Gottesgeist das Herzenstor aufmachen, nicht er uns die Pforten eines besseren Daseins auf unser Bitten erschließt. Um so größer aber ist auch die Verantwortung, wenn wir es nicht tun; denn ein Nicht-*Können* gibt es dann nicht, nur ein Nicht-*Wollen*, eine Abweisung des vorhandenen, unmittelbar zu habenden Heils.

15. JUNI

Die Christenheit ist nicht eine Gesellschaft vollkommener Leute, sondern eine Gesellschaft Schwacher und ihrer Schwachheit Bewußter, aber mit gutem Willen Begabter, die durch dieses Mittel vorwärts zum richtigen Leben gelangen wollen.

16. JUNI

Wie falsch und töricht ist es, daß viele Menschen Gott nicht ganz und gar lieben, sondern ihn fürchten! Dann kommt rasch der heimliche Nebengedanke, es wäre eigentlich besser, uns von ihm abzusetzen; denn „Furcht ist Pein".
Das Glück, einen Gott zu haben, lernen wir leider oft erst sehr spät im Leben kennen. Die Klagen, die schon im Alten Testament darüber ausgedrückt sind, daß er dann erst annehmen muß, was vorher alle möglichen anderen, sehr oft unsauberen Götter besessen haben, sind noch heute berechtigt.

Also spricht der Herr: Unheilbar ist dein Schaden, bösartig deine Wunde. Es gibt kein Heilmittel für das Geschwür, kein Vernarben gibt es für dich. All deine Buhlen haben deiner vergessen; sie fragen nicht nach dir. Denn wie ein Feind schlägt, habe ich dich geschlagen mit grausamer Züchtigung, weil deine Schuld so groß, weil deiner Sünden so viele sind. Warum schreist du ob deines Schadens, ob deines unheilbaren Schmerzes! Weil deine Schuld so groß, weil deiner Sünden so viele sind, habe ich dir solches getan.
Darum sollen alle, die dich fressen, gefressen werden, und alle deine Bedränger sollen in die Gefangenschaft wandern; die dich plündern, fallen der Plünderung anheim, und alle, die dich berauben, gebe ich der Beraubung preis. Denn ich lasse deine Wunden vernarben und heile dich von deinen Schlägen, spricht der Herr, nennen sie dich (das ist Zion) doch eine Verstoßene, nach der niemand fragt.
So spricht der Herr: Siehe, ich werde das Geschick der Zelte Jakobs wenden und seiner Wohnstätten mich erbarmen. Die Stadt soll neu gebaut werden auf ihrem Schutthügel und die Burg soll wieder auf ihrem Platze stehen, und Loblieder und Freudengesänge werden von dort erschallen. Ich will sie mehren, und sie sollen nicht abnehmen; ich will sie zu Ehren bringen, und sie sollen nicht verachtet sein. Jeremia 30, 12–19

17. JUNI

Wenn man die menschlichen Verhältnisse nicht mit Mitleid ansehen kann, dann allerdings verdirbt der Kontakt mit der Welt den inneren Menschen unfehlbar.

18. JUNI

Man muß stets offen für Belehrung sein und sie dankbar von jedermann annehmen.
Was dagegen die allgemeingültige Lebensanschauung angeht, so muß man sie beständig durch Nachdenken und Erfahrungen in sich zu vertiefen und abzuklären suchen, dagegen nicht jedem menschlichen Einfluß immer offenstehen.

19. JUNI

Wer aber einen dieser Kleinen, die an mich glauben, zur Sünde verführt, für den wäre es besser, daß ihm ein Mühlstein um den Hals gehängt und er in die Tiefe des Meeres versenkt würde. Wehe der Welt der Verführungen wegen! Denn es ist (zwar) notwendig, daß die Verführungen kommen; doch wehe dem Menschen, durch den die Verführung kommt!
Sehet zu, daß ihr keinen dieser Kleinen verachtet! Denn ich sage euch: Ihre Engel in den Himmeln schauen allezeit das Angesicht meines Vaters in den Himmeln. Matthäus 18,6–7.10

Ich sage euch aber, daß die Menschen von jedem unrechten Worte, das sie reden werden, am Tage des Gerichtes werden Rechenschaft geben müssen. Matthäus 12,36

Und der König wird ihnen antworten und sagen: Wahrlich, ich sage euch: Wiefern ihr es einem dieser meiner geringsten Brüder getan habt, habt ihr es mir getan. Matthäus 25,40

Der gute Mensch bringt aus dem guten Schatz seines Herzens das Gute hervor, und der böse bringt aus dem bösen (Schatze seines Herzens) das Böse hervor. Denn wovon sein Herz voll ist, davon redet sein Mund. Lukas 6,45

Als das die Jünger Jakobus und Johannes sahen, sagten sie: Herr willst du, daß wir Feuer vom Himmel fallen und sie verzehren heißen? Er aber wandte sich um und bedrohte sie. Und sie begaben sich in ein anderes Dorf.
Lukas 9, 54–56

Wo ihr aber in ein Haus eintretet, da sprechet zuerst: Friede diesem Hause! Lukas 10, 5

Darauf sagte er zu ihnen: Sehet zu und hütet euch vor aller Habsucht! denn (auch) wenn einer Überfluß hat, beruht sein Leben nicht auf seinem Besitz. Und ihr – fragt (doch) nicht, was ihr essen und was ihr trinken sollt, und seid nicht in Unruhe! Lukas 12, 15.29

Sondern wenn du ein Gastmahl veranstaltest, so lade Arme, Krüppel, Lahme, Blinde ein. Lukas 14, 13

Und ich sage euch: Machet euch Freunde mit dem ungerechten Mammon, damit sie, wenn er (euch) ausgeht, euch aufnehmen in die ewigen Hütten! Wer im Kleinsten treu ist, der ist auch im Großen treu; und wer im Kleinsten ungerecht ist, der ist auch im Großen ungerecht. Lukas 16, 9–10

Habet acht auf euch! Wenn dein Bruder sündigt, so weise ihn zurecht, und wenn es ihn reut, so vergib ihm! Lukas 17, 3

Das sind lauter Worte unseres Herrn für das tägliche Leben, die wir alle Tage befolgen oder nicht, von denen unser eigenes und das Wohl unserer Angehörigen sowie aller, die sonst mit uns verkehren, abhängt. Manche Menschen werden für das Reich Gottes gewonnen oder verloren bloß durch eine zufällige Begegnung mit jemandem, der dazu gehört.

20. JUNI

Ich aber will ausschauen nach dem Herrn, will harren auf den Gott meines Heils! Er wird mich erhören, mein Gott. Freue dich nicht über mich, meine Feindin! Wenn ich gefallen bin, stehe ich wieder auf; wenn ich in Finsternis sitze, ist der Herr mein Licht. Ich will den Grimm des Herrn tragen – denn ich habe wider ihn gesündigt –, bis er sich meiner Sache annimmt und mir Recht schafft, mich an das Licht herausführt, daß ich seine Gerechtigkeit schaue. Meine Feindin aber soll es sehen, und Beschämung soll über sie kommen, die zu mir sagt: Wo ist der Herr, dein Gott? Meine Augen werden sich an ihr weiden; nun wird sie zertreten werden wie Kot auf der Gasse. Es kommt ein Tag, da werden meine Mauern aufgebaut; es kommt ein Tag, da wird meine Grenze in die Ferne gerückt. Micha 7,7–11

Der Herr ist gütig gegen die, die auf ihn hoffen, eine Zuflucht am Tage der Not; er kennt, die bei ihm sich bergen, er rettet sie bei überströmender Flut. Ein Ende macht er seinen Widersachern, seine Feinde jagt er in die Finsternis. Was denkt ihr denn von dem Herrn? Nicht zweimal wird sich die Drangsal erheben; denn bis zur Vernichtung führt er's durch. Abgehauene Dornen sind sie alle, sie werden verzehrt wie dürre Stoppeln. Ist nicht von dir ausgegangen, der Arges sann wider den Herrn, der Heilloses plante? So spricht der Herr: Wenn sie auch unversehrt sind und noch so zahlreich, sie müssen doch verschwinden und vergehen. Habe ich dich gedemütigt, so will ich dich nicht wieder demütigen. Nahum 1,7–12

Diese Stellen aus alten Prophetenworten enthalten große Wahrheiten und einen echten Trost für Leidenszeiten.
Die Frage: „Wo ist nun dein Gott?“ wird gerade gegenwärtig, angesichts der „Realpolitik“ mancher Staaten, wieder ungewöhnlich oft gestellt. Die Antwort wird sicherlich nicht ausbleiben, so wenig, als sie über die Großstaaten der damaligen Welt ausgeblieben ist. Wo sind sie jetzt? Nur das kleine Volk der Juden ist übriggeblieben und lebt immer noch fort, und zwar trotz aller Fehler und Untreue, sogar trotz der schwersten Schuld, die es auf sich nahm.
Denn „Gottes Verheißungen können ihn niemals gereuen“, selbst dann nicht, wenn wir ihn tatsächlich verlassen. Es folgt unfehlbar die Strafe dafür, aber nicht die Verwerfung derer, die dennoch, wenn auch nur schwach, an ihn glauben.

Sie werden wider dich streiten, dich aber nicht überwältigen; denn ich bin mit dir, spricht der Herr, dich zu erretten. Jeremia 1,19

Der Herr sprach: Wahrlich, ich erlöse dich, daß es dir wohl ergehe. Wahrlich, ich stehe dir bei zur Zeit des Unheils und zur Zeit der Not; du bist mein Freund. Kann man Eisen zerbrechen, Eisen vom Norden und Erz? Deine Reichtümer und deine Schätze will ich zum Raube geben ohne Entgelt, um all deiner Sünden willen in all deinen Grenzen. Jeremia 15,11–13

Denn ich weiß, was für Gedanken ich über euch hege, spricht der Herr, Gedanken zum Heil und nicht zum Unheil, euch eine Zukunft und Hoffnung zu gewähren. Wenn ihr mich ruft, so will ich euch antworten; wenn ihr zu mir betet, will ich auf euch hören. Wenn ihr mich sucht, so sollt ihr mich finden; wenn ihr nach mir fragt von ganzem Herzen. Jeremia 29,11–13

Darum sollen alle, die dich fressen, gefressen werden, und alle deine Bedränger sollen in die Gefangenschaft wandern; die dich plündern, fallen der Plünderung anheim, und alle, die dich berauben, gebe ich der Beraubung preis. Jeremia 30,16

Siehe, es kommen Tage, spricht der Herr, da schließe ich mit dem Hause Israel und mit dem Hause Juda einen neuen Bund. Jeremia 31,31

Ob der Schuld seiner Habgier zürnte ich, und ich schlug ihn, (mein Antlitz) verbergend und zürnend; doch abgewandt ging er die Wege des eignen Herzens. Seine Wege habe ich gesehen, und ich will ihn heilen, will ihn leiten und ihm durch Tröstung Ersatz geben, ihm und seinen Trauernden. Ich schaffe Frucht der Lippen und Heil, ja Heil dem Fernen und dem Nahen, spricht der Herr. Aber die Gottlosen sind wie das aufgewühlte Meer; denn zur Ruhe kann es nicht kommen, und seine Wasser wühlen Schlamm und Kot auf. Kein Heil gibt es für die Gottlosen, spricht mein Gott. Jesaja 57,17–21

Du aber, Israel, mein Knecht, Jakob, mein Auserwählter, du Sproß Abrahams, meines Freundes, du, den ich geholt von den Enden der Erde, von ihren Säumen berufen habe, zu dem ich sprach: Mein Knecht bist du; ich habe dich erwählt, dich nicht verschmäht – fürchte dich nicht, denn ich bin mit dir! Blicke nicht ängstlich, denn ich bin dein Gott! Ich mache dich stark, ja ich helfe dir; ich halte dich mit meiner sieghaften Rechten. Siehe, zu Spott und Schanden werden alle, die wider dich entbrannt sind; es werden zunichte und gehen zugrunde die Männer, die mit dir hadern. Du wirst sie suchen und nicht mehr finden, die Männer, die mit dir zanken; es werden zunichte und vergehen die Männer, die wider dich streiten. Denn ich, der Herr, bin dein Gott, der deine Rechte faßt, der zu dir spricht: Fürchte dich nicht; ich helfe dir. Jesaja 41,8–13

Warum denn sagst du, Jakob, und sprichst du, Israel: „Mein Geschick ist dem Herrn verborgen, und mein Recht entgeht meinem Gott"? Weißt du es nicht, oder hast du es nicht gehört: Ein ewiger Gott ist der Herr, der die Enden der Erde geschaffen! Er wird nicht müde noch matt, unerforschlich ist seine Einsicht; er gibt dem Müden Kraft und dem Ohnmächtigen mehrt er die Stärke. Jünglinge werden müde und matt, Krieger straucheln und fallen; aber die auf den Herrn harren, empfangen immer neue Kraft, daß ihnen Schwingen wachsen wie Adlern, daß sie laufen und nicht ermatten, daß sie wandeln und nicht müde werden. Jesaja 40,27–31

Und darum harrt der Herr darauf, euch gnädig zu sein, und darum erhebt er sich, daß er sich euer erbarme; denn ein Gott des Rechtes ist der Herr. Wohl allen, die auf ihn harren! Ja, du Volk in Zion, das zu Jerusalem wohnt, weinen wirst du nicht! Erbarmen wird er sich deiner, wenn du (zu ihm) schreist; kaum vernimmt er's, hat er dich schon erhört. Und gab euch der Herr Brot der Not und Wasser der Drangsal, so wird dein Lehrer sich nicht mehr verbergen, sondern deine Augen werden stets deinen Lehrer sehen, und wenn ihr zur Rechten oder zur Linken abweichen wollt, werden deine Ohren den Ruf hinter dir vernehmen: „Dies ist der Weg, den gehet!" Dann wirst du deine silberbeschlagenen Götzen und deine goldbekleideten Gußbilder verunreinigen; hinauswerfen wirst du sie wie etwas Ekelhaftes und zu ihnen sagen: „Hinaus!" Jesaja 30, 18–22

21. JUNI

Was die „Kraft" der durchaus glaubwürdigen Wundertäter ausmachte, war wahrscheinlich einfach die uneigennützige Liebe. Es ist schade, daß man das Adjektiv beisetzen muß, aber es ist notwendig. Es erklärt das Schwankende und die zeitweise Abnahme dieser Kraft. Denn diese Liebe ist, wie der Glaube – mit dem sie untrennbar zusammenhängt –, jene große Perle, von der das Evangelium spricht, für die man *alles* andere hingeben muß. Sie wird unaufhörlich auf die Probe gestellt und gebraucht, so daß sie in jedem Augenblick gegenwärtig sein muß. Auch nimmt sie wie ein Feuer immer zu oder ab; sie kann nicht beständig auf einem gleichmäßigen Niveau erhalten werden, und vollends ist keine Täuschung möglich. Man kann sich und anderen am Ende zwar Glauben einbilden und einreden, Liebe aber nicht. Da ist nur Wahrheit denkbar, und jeder Schein erlebt seinen Prüfungstag und rächt sich dann. Dieses Heiligtum der Menschheit läßt sich nicht ungestraft verfälschen.

Der Schlüssel des Glaubens ist eigentlich die Liebe. Solange noch eine vielleicht nur leise Spur von Widerwillen gegen Gott oder Christus im Herzen ist, ist der Glaube schwer; nachher, wenn das einmal ganz verschwunden ist, wird er leicht. Darüber hilft keine Theologie hinweg; es ist der einzige Weg, auf dem man zum wirklichen Glauben gelangt, und wenn jemand behauptet, er könne nicht glauben, so ist das zwar richtig, hat aber diese Ursache, die man ihm direkt auf den Kopf zusagen muß.

22. JUNI

Der Herr wird sein Volk richten.
Hebräerbrief 10, 30

Das ist der größte Trost, den wir im Leiden haben; denn dann wissen wir gewiß, daß wir sein Volk sind.

23. JUNI

Die menschlichen Lebensläufe sind eigentlich ein großes Scheinwesen. Was sich unter der geglätteten Oberfläche verbirgt, sieht man nicht und wünscht es auch gar nicht zu sehen. Nur hie und da klafft plötzlich ein Riß in dieser Rinde und zeigt die wahre Gestalt des Innern, so wie Gott es sieht. Daher sind fast alle menschlichen Urteile und vollends alle Biographien nur halbwahr; sie betreffen nur die Oberfläche.
Trotzdem ist selbst die menschliche Gerechtigkeit größer, als wir es jetzt gewöhnlich annehmen. Kurze Zeit schon nach dem Tode einer allgemein bekannten Persönlichkeit bildet sich nicht eine Legende, sondern die im ganzen und großen richtige öffentliche Meinung, die bestehenbleibt, selbst wenn sie sich nicht sofort laut äußert.

24. JUNI

Das Gedächtnis des Frommen bleibt gesegnet,
der Name der Gottlosen aber vermodert.
Sprüche 10,7

Es ist mir kein einziges Beispiel der Geschichte gegenwärtig, wonach ein schlechter Mensch in einem guten Ruf geblieben wäre. Wenn der umgekehrte Fall häufiger sein sollte, so liegt es offenbar zunächst daran, daß auch gute Menschen oft ihre schwachen Seiten haben oder in bedenkliche Irrtümer verfallen können. Dennoch finden sie Amnestie, sofern die Grundanlage gut ist. Beinahe alle berühmten Lehrer der Kirche, von den sogenannten Kirchenvätern bis zu den Reformatoren, sind Beispiele dafür; ebenso viele Menschen des öffentlichen Lebens.

Daraus erhellt für uns, daß in der menschlichen Brust ein tiefes Bedürfnis nach Gerechtigkeit besteht, das nur der Nachklang und die Wirkung einer wirklich bestehenden göttlichen Gerechtigkeit sein kann, auf die wir im Leben und Tod unsere Zuversicht setzen.

25. JUNI

Es ist ein richtiges Wort, man müsse, um sich glücklich zu fühlen, stets den Kopf voller Pläne und das Herz voller Liebe haben. Noch richtiger aber, weil ausführbarer, ist der Ausspruch des Bernhard von Clairvaux: „Das ist die wahre und die größte Freude, die nicht aus dem Geschaffenen stammt, sondern vom Schöpfer empfangen wird, die dir, wenn du sie einmal besitzest, auch niemand nehmen kann, im Vergleich mit der alles Vergnügen Qual, alle Freude Schmerz, alles Süße bitter, alle Herrlichkeit gering und alle Ergötzlichkeit verächtlich ist."

Das Wort des Bonaventura: „Wenn Gott einem Menschen die Gnade gibt, ihn zu lieben, so ist's genug zur Seligkeit", ist die allereinfachste Summe dessen, was man Religion oder Theologie nennt. Mehr und anderes als das enthält die größte Gelehrsamkeit in diesen Dingen im Grunde nicht, und alles, was sie noch außerdem enthält, ist nicht notwendig zur Seligkeit.

26. JUNI

Allzuvieles lesen, auch von sogenannten guten Büchern, ist für noch nicht recht in sich gefestigte Leute ungesund. Denn sie eignen sich zu leicht die Meinungen und Stimmungen anderer an, die vielleicht nicht einmal ganz echt sind oder für ihre eigenen Verhältnisse nicht hinreichend passen, und werden dadurch unklar über ihre Bedürfnisse, irre an ihren Überzeugungen und oft sogar an ihrem Lebensberuf.
Viel Nachdenken hingegen über wenige ganz gute Bücher, das bringt vorwärts.

27. JUNI

Ein schwacher Glaube ist immer noch unendlich viel besser als gar keiner. Laß das letzte Fünklein nicht ganz auslöschen; es ist dann leicht, es wieder anzublasen; viel schwerer aber ist es, wenn es von neuem angezündet werden muß.
„Verliere den Mut nicht, und sei ein tapferer Mann; es wird dir Trost kommen zu seiner Zeit." Mut ist die nützlichste aller bloß menschlichen Eigenschaften. Gewöhnlich braucht man ihn immer nur auf kurze Zeit; dann wird es besser. Wenn man ihn aber gerade in den entscheidenden, rasch vorübergehenden Augenblicken verliert, dann können dadurch die Anstrengungen eines ganzen Lebens unnütz werden.
Den Mut sollte man daher überhaupt gar nie aufgeben, sondern von etwas nur ablassen, wenn es Gottes klarer Wille ist, und im übrigen fest auf seine starke Hilfe hoffen, der nichts widersteht und die alle Verluste gut machen kann.

Zerreißt eure Herzen und nicht eure Kleider, und kehret um zu dem Herrn, eurem Gott; denn er ist gnädig und barmherzig, langmütig und reich an Huld, und es gereut ihn des Übels.
Sei ohne Furcht, Acker, frohlocke und freue dich; denn der Herr hat Großes getan.
So will ich euch gutmachen die Jahre, da die Heuschrecke fraß, Hüpfer, Vertilger und Nager, mein großes Heer, das ich wider euch gesandt habe. Und ihr werdet euch satt essen können und den Namen des Herrn, eures Gottes, preisen, der Wunderbares an euch getan hat. Ihr werdet erkennen, daß ich in Israels Mitte bin, ich der Herr, euer Gott, und keiner sonst. Und mein Volk wird nicht für immer zuschanden werden. Joel 2,13.21.25–27

Und der Herr wandte sich um und blickte Petrus an. Da erinnerte sich Petrus an das Wort des Herrn, wie er zu ihm gesagt hatte: Ehe heute der Hahn kräht, wirst du mich dreimal verleugnen. Und er ging hinaus und weinte bitterlich. Lukas 22,61–62

Das Walten des Herrn
ist dem Unsträflichen Zuflucht,
den Übeltätern aber Verderben.
Sprüche 10,29

28. JUNI

Man muß nie zuerst bei Menschen Trost suchen, sondern bei Gott, und den Menschen schon gefaßt gegenübertreten. Dann allein wirken sie wohltätig auf uns, und wir können ihre Ratschläge richtig aufnehmen und gebrauchen.
Die vierfache Umgangsregel des Mystikers Suso ist noch immer zu beherzigen: „Jeden freundlich empfangen, kurz mit ihm reden, ihn getröstet entlassen, sein Herz nicht an ihn hängen.“

29. JUNI

Solange man die menschliche Natur nicht in ihrer ganzen möglichen Schlechtigkeit in einem beispielhaften Exemplar dieser Gattung kennengelernt hat, versteht man das menschliche Leben eigentlich noch nicht recht und hat auch keinen rechten Begriff von der Notwendigkeit einer Erlösung. Der Preis dieser großen Einsicht ist aber auch sehr hoch, und kein Mensch würde den Mut haben, ihn zu bezahlen, wenn er ihn im voraus genau kennen würde.

Das ist die schwerste Strafe der Schlechten, wenn sie keine tatkräftige Reue mehr finden können. Bewußtsein der eigenen Schlechtigkeit ohne Reue, das ist die Hölle schon hier auf Erden, wobei es ganz begreiflich ist, wenn schließlich das Ende oft der Wahnsinn wird.

Es war aber ein reicher Mann, der kleidete sich in Purpur und kostbare Leinwand und lebte alle Tage herrlich und in Freuden. Ein Armer aber mit Namen Lazarus lag vor seiner Türe; der war mit Geschwüren bedeckt und begehrte sich von dem zu sättigen, was vom Tisch des Reichen abfiel; dagegen kamen die Hunde und beleckten seine Geschwüre. Es begab sich aber, daß der Arme starb und daß er von den Engeln in Abrahams Schoß getragen wurde. Aber auch der Reiche starb und wurde begraben. Und als er im Totenreich, von Qualen geplagt, seine Augen erhob, sah er Abraham von ferne und Lazarus in seinem Schoß. Und er rief mit lauter Stimme: Vater Abraham, erbarme dich meiner und sende Lazarus, damit er die Spitze seines Fingers ins Wasser tauche und meine Zunge kühle; denn ich leide Pein in dieser Flamme. Abraham aber sprach: Kind, gedenke daran, daß du in deinem Leben dein Gutes empfangen hast und Lazarus gleichermaßen das Böse; jetzt dagegen wird er hier getröstet, du aber leidest Pein. Und bei alledem besteht zwischen uns und euch eine große Kluft, damit die, welche von hier zu euch hinübergehen wollen, es nicht vermögen, noch die, welche dort sind, zu uns herübergelangen können.

Da sagte er: So bitte ich dich denn, Vater, daß du ihn in das Haus meines Vaters sendest – denn ich habe fünf Brüder –, auf daß er ihnen sichere Kunde bringe, damit nicht auch sie an diesen Ort der Qual kommen. Abraham aber sprach: Sie haben Mose und die Propheten; sie sollen auf sie hören! Der jedoch sagte: Nein, Vater Abraham, sondern wenn einer von den Toten zu ihnen geht, werden sie Buße tun. Da sprach er zu ihm: Wenn sie auf Mose und die Propheten nicht hören, werden sie sich auch nicht gewinnen lassen, wenn einer von den Toten aufersteht. Lukas 16, 19–31

Auf die innere Sicherheit kommt im Verkehr mit den Menschen ungemein viel an; denn bei weitem die meisten von ihnen suchen andere, die sie leiten, und lassen sich sogar ein ganz gewaltiges Stück Egoismus von solchen selbstgewissen Leitern gefallen.

Die größte innere Sicherheit entsteht entweder aus einem starken, aber dabei phlegmatischen Temperament oder aus einem festen Glauben an Gott, den, zeitweise wenigstens, auch ein starker Fatalismus ersetzen kann. Wo dies fehlt, kann man mit Sicherheit mit großen Schwankungen rechnen; ein Zusammentreffen von beiden dagegen bildet die glücklichste Charakteranlage für die Führung großer Angelegenheiten.

Juli

Eine angenehme Eigenschaft, die das Zusammenleben ungemein erleichtern kann, ist eine gewisse freundliche Willigkeit und Leichtlebigkeit, die den Wünschen anderer unmittelbar entspricht, soweit es immer möglich ist. Dagegen haben manche Menschen ein ewiges „Nein" in ihren Augen und auf der Zunge und leisten selbst in den allergleichgültigsten Dingen niemals sofort den Meinungen eines anderen Folge, sondern immer nur nach längerem Bitten, Überreden, Bemängeln oder Treiben und Stoßen. Die besten Menschen können einem oft dadurch ganz zuwider werden, und es ist dringend geboten, sich von dieser üblen Angewohnheit gänzlich freizumachen. Man kann sich auch nicht denken, daß Gott an solchen eigenwilligen Knechten, die er zu allem zwingen muß, viel Freude haben wird. Die Propheten des Alten Testamentes sprechen in der Tat oft:

Denn ich habe euren Vätern, als ich sie aus dem Lande Ägypten herausführte, nichts von Brandopfern und Schlachtopfern gesagt noch geboten, sondern dieses Gebot habe ich ihnen gegeben: Höret auf meine Stimme, so will ich euer Gott sein, und ihr sollt mein Volk sein, und wandelt ganz auf dem Wege, den ich euch gebiete; damit es euch wohl ergehe. Aber sie gehorchten nicht, schenkten mir kein Gehör, sondern wandelten nach den Ratschlägen ihres bösen Herzens, wandten mir den Rücken zu und nicht das Antlitz. „Von dem Tage an, da eure Väter auszogen aus dem Lande Ägypten, bis auf den heutigen Tag sandte ich zu euch all meine Knechte, die Propheten, Tag für Tag, früh und spät." Aber sie gehorchten mir nicht, schenkten mir kein Gehör, sondern waren halsstarrig, trieben es ärger als ihre Väter. Du wirst jetzt alle diese Worte zu ihnen reden, aber sie werden nicht auf dich hören; du wirst ihnen rufen, aber sie werden dir nicht antworten. Jeremia 7,22–27

Siehe, es kommen Tage, spricht der Herr, da schließe ich mit dem Hause Israel und mit dem Hause Juda einen neuen Bund, nicht einen Bund, wie ich ihn mit ihren Vätern schloß zu der Zeit, da ich sie bei der Hand nahm, sie aus dem Lande Ägypten herauszuführen; denn sie haben meinen Bund gebrochen, ich aber habe sie verworfen, spricht der Herr. Nein, das ist der Bund, den ich nach jenen Tagen mit dem Hause Israel schließen will, spricht der Herr: Ich werde mein Gesetz in ihr Inneres legen und es ihnen ins Herz schreiben; ich werde ihr Gott sein, und sie werden mein Volk sein. Jeremia 31,31–33

2. JULI

Es geht im inneren Leben ähnlich zu wie beim Eisenschmieden. Der innere Mensch muß immer wieder von Zeit zu Zeit in ein Feuer und dann mit starken, raschen Hammerschlägen geschmiedet werden; dadurch nimmt er allmählich die von Gott gewollte Gestalt und die Brauchbarkeit zu seinen Zwekken an.
Auch ist es ähnlich und sehr tröstlich zugleich, daß das, was in solchen Feuersgluten geschmiedet wurde, auf immer hart und zugleich biegsam bleibt, während alle eigenen Vorsätze und Bestrebungen etwas Unsolides an sich tragen.
Gott gibt seinen Geist nur denen, die ihn brauchen wollen, nicht zum Besitzen und Genießen.

3. JULI

Leiden macht stark; Freuden schwächen im ganzen nur. Die unschädliche Freude ist ein Ruhepunkt zwischen tapfer ertragenen Leiden, die aber alle auch Freude in sich bergen, soviel wie nötig ist.
Wenn dir das Leiden, das dich zu Gott treibt, lieber ist als die Freude, die dich von ihm entfernt, dann erst bist du auf gutem Weg.
Es ist mir kein geschichtliches Beispiel bekannt von einem Gotteskind, das in völliger Verzweiflung starb. Aber nahe heran kommt diese Versuchung oft an die besten.

4. JULI

Es gehört eine gewisse Begeisterung dazu, würdig durch das Leben zu kommen und namentlich nicht über den Tagessorgen die größeren Zwecke aus dem Auge zu verlieren, denen es doch wesentlich gewidmet werden muß, wenn es nicht vergeblich sein soll.

Aber es muß eine gute Portion gesunden, nüchternen Menschenverstandes damit verbunden sein; aus dieser Mischung entsteht der Charakter eines brauchbaren Menschen.

5. JULI

Wenn du anfängst – ungesucht –, wegen deines Christentums angegriffen zu werden, dann freue dich darüber sehr; denn dann bist du endgültig angenommen und eingeschrieben in die Schar der unzweifelhaft treuen, von der Knechtschaft der Welt befreiten Kämpfer für Christus. Das ist dem Geist des Bösen nun als fest und unwiderruflich bekannt. Er gibt dich auf, während er dich vielleicht bisher noch halbwegs zu den Seinigen rechnete und nicht ganz erzürnen wollte.

Ich werde nicht mehr vieles mit euch reden; denn es kommt der Fürst der Welt. Johannes 14,30a

Wenn ihr aus der Welt wäret, würde die Welt das Ihrige lieben; weil ihr aber nicht aus der Welt seid, sondern ich euch aus der Welt erwählt habe, deshalb haßt euch die Welt. Johannes 15,19

Die Welt kann euch nicht hassen, mich aber haßt sie; denn ich bezeuge, daß ihre Werke böse sind. Johannes 7,7

Doch nicht darüber freut euch, daß die Geister euch untertan sind; freuet euch vielmehr, daß eure Namen in den Himmeln aufgeschrieben sind! Lukas 10,20

Und nachdem der Teufel alle Versuchung vollendet hatte, stand er von ihm ab bis zu gelegener Zeit. Lukas 4,13

So unterwerfet euch nun Gott; widersteht aber dem Teufel, so wird er von euch fliehen! Jakobusbrief 4,7

6. JULI

Am Ende großer Krisen kommt manchmal ein Augenblick, da man mit einer gewissen unbefangenen, fast über dem gewöhnlichen Menschlichen stehenden Würdigung rückwärts und vorwärts auf sein eigenes Leben blickt. Wenn man dann in der Vergangenheit unendlich viele Gelegenheiten erblickt, in denen man auf Abwege geraten konnte und nur durch ein oft wunderbar zu nennendes Eingreifen und Verhüten Gottes davon abgehalten worden ist, so schwillt das Herz vor Dankbarkeit über diese bereits empfangene Gnade und erhebt sich zu der vollen Zuversicht, daß auch noch der bevorstehende Lebensweg segensreich sein werde. So muß auch des ganzen Lebens Schluß sein.

7. JULI

Den Glauben kann sich allerdings niemand selber geben; er ist ein Geschenk Gottes. Daher ist auch alles Zureden oder gar Befehlen dritter ganz unnütz. Aber sehnen kann man sich nach einer anderen und besseren Welt als der des gewöhnlichen Realismus, und diese Sehnsucht ist die ausgestreckte Hand, welche die große Gabe empfängt. Dazu müssen schon die Kinder angeleitet werden.

Alles, was mir der Vater gibt, wird zu mir kommen, und wer zu mir kommt, den werde ich nicht hinausstroßen.
Niemand kann zu mir kommen, es ziehe ihn denn der Vater, der mich gesandt hat; und ich werde ihn auferwecken am jüngsten Tage.
Und er sprach: Deshalb habe ich euch gesagt, daß niemand zu mir kommen kann, es sei ihm denn vom Vater aus gegeben. Johannes 6,37.44.65

Wir erhalten die Gerechtigkeit, die vor Gott gilt, nur dadurch, daß wir Christus als unseren Herrn und Heiland annehmen. Dann aber erhalten wir sie auch als eine Gabe Gottes ohne alle weiteren Bedingungen.

8. JULI

Ob wir jemals dahin gelangen könnten, die Gedanken des Plato, des Aristoteles, des Apostels Paulus, Dantes oder Goethes uns völlig anzueignen, ja, ob dies in jeder Hinsicht wünschenswert und unseren heutigen Lebenserfahrungen vorzuziehen wäre, darüber kann ein begründeter Zweifel bestehen. Daß wir uns aber mit den Worten Christi völlig einig fühlen und von deren Wahrheit völlig durchdrungen sein können, das ist unbezweifelbar möglich, und darin liegt unseres Erachtens die einfache Antwort auf die oft gestellte Frage: „Was ist Christentum?"

9. JULI

Etwas der Lehre Christi Eigentümliches ist die Verbindung von ganz klarem, nüchternem Menschenverstand ohne alle Schwärmerei mit einem Gespür und einer Offenheit für die Erfahrung des Übersinnlichen und Unaussprechlichen, die man Mystizismus nennen kann – wenn man will –, obwohl die Bezeichnung nicht ganz zutrifft. Diese Kombination bringt es mit sich, daß zahlreiche Abwege bestehen, von denen jeder in seinem weiteren Verlauf zum vollen Gegenteil dessen führen kann, was Christus gewollt hat. Es wäre schwierig, immer den schmalen, ganz richtigen Weg zu finden, wenn wir nicht einerseits sein sehr anschaulich gezeichnetes Beispiel vor uns hätten, das bereits sehr viele Fragen entscheiden kann, und wir auch uns andererseits eine Zusicherung aneignen dürften, deren Wahrheit mancher Leser selbst erfahren haben wird:

Siehe, ich sende einen Engel vor dir her, dich zu behüten auf dem Wege und dich an die Stätte zu bringen, die ich bestimmt habe. Habe acht auf dich, ihm gegenüber, und höre auf seine Stimme, sei nicht widerspenstig gegen ihn; er wird eure Übertretung nicht vergeben, denn ich selber bin in ihm. Wenn du aber ernstlich auf ihn hörst und alles tust, was ich befehle, so will ich deiner Feinde Feind und der Bedränger deiner Bedränger sein.
2. Mose 23,20–22

10. JULI

Neutral muß man in Geisteskämpfen niemals bleiben; wohlwollend und verständnisvoll gegen den Gegner kann man fast immer sein.

11. JULI

Die Fragen des Materialismus, Monismus oder Pantheismus oder was es sonst noch für wissenschaftliche Ausdrücke für den Unglauben an Gott gibt, laß dich nicht ernstlich anfechten.

Es ist eine willkürliche und sogar unwahrscheinliche, täglich widerlegte Behauptung, daß nur das sinnlich Erkennbare wirklich vorhanden sei; und ebenso unvernünftig und abstoßend ist die Idee, daß jeder Stein auf der Gasse oder jedes Stück Holz Gott sei.

Alle Religionen sind nur Versuche, das an sich Unaussprechliche einigermaßen auszudrücken, damit man darüber überhaupt miteinander reden kann, was sonst nicht möglich wäre. Das Christentum ist ohne allen Zweifel der der Sache weitaus angemessene Ausdruck.

Allerdings wirst du, wenn du die Evangelien aufmerksam liest, bald bemerken, daß Christus selber über die „Natur“ und die „Eigenschaften“ Gottes weniger gesagt hat als jedes Kind im Religionsunterricht wissen muß.

12. JULI

Durch. Dieses kleine Wort ist in manchen gefährlichen Abschnitten des inneren Lebens von einer fast magischen Wirkung.

Es zeigt der noch nicht unkräftig gewordenen Vernunft, daß sie nicht abdanken oder sich unter oft rein körperlichen Stim-

mungen ducken muß und es gibt gleichzeitig dem noch vorhandenen Rest des guten Willens einen Anstoß zur Reaktion gegen einen charakterlosen Pessimismus oder das feige Sich-Ergeben in seine körperlichen oder seelischen Eindrücke.
Es geschieht gleichsam ein Ruck, und die Seele ist wieder frei zum Wahren und Rechten.
Ein solcher Augenblick ist oft entscheidend für das ganze Leben. Also, wenn du dich an so etwas gebunden fühlst: Durch!

13. JULI

Es ist eine der kläglichsten Erscheinungen bei vielen Menschen, daß sie einen zu großen Wert auf die Gesundheit legen, so daß das Interesse an ihrer Erhaltung bei manchen geradezu alle anderen Interessen überwiegt. Sie scheinen ganz zu vergessen, daß in der Weltgeschichte Tausende von schwachen und kränklichen Menschen dennoch zu den größten Taten und Leiden fähig gewesen sind.

Daher werden wir nicht mutlos, sondern, ob auch unser äußerer Mensch zerstört wird, so wird doch unser innerer von Tag zu Tag erneuert.
2. Korintherbrief 4, 16

Daher habe ich Wohlgefallen an Schwachheiten, an Mißhandlungen, an Nöten, an Verfolgungen und Ängsten um Christi willen; denn wenn ich schwach bin, dann bin ich stark. 2. Korintherbrief 12, 10

Jetzt freue ich mich in den Leiden für euch und fülle an seiner Statt an meinem Fleische aus, was den Trübsalen Christi noch fehlte, zugunsten seines Leibes, der die Kirche ist, Kolosserbrief 1, 24

Aber der eigentliche Hintergrund dieser Sehnsucht nach Gesundheit und Kraft ist eben nicht die Besorgnis, nichts Gutes leisten zu können, sondern die ungezügelte Begier nach Lebensgenuß, an dem sie sich gehindert fühlen. Das macht es so schwer, mit solchen Leidenden, die es oft wirklich und in hohem Grad sind, eine ungehemmte Teilnahme zu empfinden.

Man darf auch das zweifellos große Geschenk der Gesundheit nicht überschätzen, sondern ihre Verminderung oder sogar ihren Verlust mit Würde ertragen lernen.
Denn das höchste und unentbehrlichste Gut ist sie noch lange nicht.

14. JULI

Das Allergesundeste ist in vielen Fällen eine rechte, wahre Liebe, unter Verleugnung alles kleinlichen Egoismus, die sie selbstverständlich mit sich bringt. Aber dieses Wunderheilmittel ist auch nicht auf jeder Straße zu finden, und nicht alle können es für sich zur Anwendung bringen. Am allerwenigsten die, welche sich schon mit geringeren Nachahmungen dieses Mittels begnügt haben.

15. JULI

Zur Klarheit über den Lebensgang des einzelnen Menschen, zur Verbesserung seines Charakters, zur Erhöhung seiner Kraft zum Guten und zur Vermehrung seines Glücks tragen die philosophischen Systeme in der Regel wenig oder nur indirekt bei; sonst müßten ihre Erfinder die Besten und Glücklichsten der Menschen gewesen sein, was keineswegs immer der Fall war. Die Philosophie hat daher auch, solange sie sich nicht mit diesen Fragen vorzugsweise beschäftigt, nur einen geringen Einfluß auf die Gestaltung der menschlichen Dinge, im ganzen wie im einzelnen.

16. JULI

Wenn es auch keinen anderen positiven Beweis von dem Dasein eines göttlichen Geistes gäbe, so wäre es doch dieser, daß wir mit aller Anstrengung unseres eigenen Geistes und Willens eine Verbindung mit ihm nicht herstellen können, wenn er sie versagt. Wir sind auch nicht imstande, uns durch „Andacht" über unsere Sorgen und Trübsale zu erheben; während dieser Geist in oft ganz unerwarteter Weise kommen, unser ganzes Sein mit seiner Lebendigkeit und Freude erfüllen und alle unsere Lasten in einem Augenblick von der Seele wegheben kann. Und eine solche, selbständig wirkende, von dem Menschen durchaus unabhängige Kraft sollte nicht existieren oder keine Realität sein? Was ist denn wirklicher als Kraft? Ein bloßer Gedanke des Menschen ist es jedenfalls nicht; das weiß jeder, der es oft vergeblich versucht hat, sich selbst zu trösten. Was aber ist es denn sonst? – Die bloße „Psychologie" läßt uns da gänzlich im Stich. Sie ist überhaupt ein System, das keine Kraft in sich trägt und noch keinen Menschen jemals im Unglück aufgeheitert hat.

17. JULI

Die Mehrzahl der Menschen weiß gar nicht, was sie will, und denkt darüber sehr selten nach. Von der Minderheit wollen einige Unmögliches und arbeiten sich vergeblich daran ab. Andere sind schwankend in ihrem Wollen und erreichen deshalb nichts. Diejenigen aber, die etwas Mögliches, ihren Kräften und der wirklichen Weltordnung Entsprechendes entschieden und ausdauernd wollen, haben es wahrscheinlich immer erreicht.

Wenn du also zum Beispiel krank bist, so wolle zuerst den rechten Weg finden, um gesund zu werden, sofern es Gottes Wille ist, oder geduldig, falls dies nicht der Fall ist. Dann werde gesund oder ergib dich in die Krankheit. Damit wirst du vielleicht längere Zeit deine ganze Willenskraft beschäftigen müssen. Nachher, wenn das eine oder andere erreicht ist, geh an andere Aufgaben des Wollens, die dann klar vor Augen liegen werden. So kommst du vorwärts, sonst nicht.

18. JULI

Das rechte Gebet ist eigentlich seine eigene Erhörung. Denn es wird uns von Gott aus Gnade und Liebe geschenkt. „Gott erweckt uns selbst, daß wir bitten, was ihm gefällt, und doch will er uns dieses Gebet und den guten Willen, den wir von ihm geschenkt erhielten, unendlich belohnen."
Wenn wir einmal dahin kommen, so zu denken, ist unsere religiöse Erziehung vollendet.

Wenn ihr in mir bleibt und meine Worte in euch bleiben, so bittet, um was ihr wollt, und es wird euch zuteil werden. Johannes 15,7

Bis jetzt habt ihr noch nie um etwas in meinem Namen gebeten. Bittet, so werdet ihr empfangen, damit eure Freude vollkommen sei! Johannes 16,24

Und ehe sie rufen, werde ich antworten; während sie noch reden, werde ich erhören. Jesaja 65,24

19. JULI

Es kommt manchmal bei dem Bestreben, sich selbst zu bessern, fürs erste mehr heraus, wenn man sich vorsetzt, alles Häßliche und Ordinäre zu vermeiden statt alles Böse. Denn man hat das erste mehr in seiner Gewalt.
Die Gewöhnung an das wahrhaft Schöne als Lebensbedürfnis und Charaktereigenschaft ist jedenfalls eine der allerbesten Schutzwehren, die man einem jungen Menschen in das Leben mitzugeben vermag.

20. JULI

Wenn wir die Gottesnähe wollen, was eigentlich der Inbegriff des menschlichen Glückes ist, so müssen wir auch die Trübsal wollen; denn das weiß jeder, der Lebenserfahrung besitzt, daß wir in der Trübsal Gott näher kommen als sonst jemals und auf irgendeine andere Weise.

21. JULI

Wenn man sich von alten Freunden oder Verwandten aus zwingenden Gründen trennen muß, so soll es stillschweigend geschehen. Jede vorherige Erörterung macht entweder die Bitterkeit oder Häßlichkeit der Sache noch größer, oder es erfolgt eine halbe, unaufrichtige Versöhnung, die schlimmer als die Trennung ist.

22. JULI

Man kann aus dem Leben etwas Herrliches machen; denn das Allerschönste, das sich die menschliche Phantasie überhaupt vorstellen kann, ist ein ganz freies, durch und durch lauteres Menschenkind. Dazu zu gelangen, ist unser offenbares Lebensziel; alles andere ist bloß armseliger Ersatz. Und dazu müssen denen, die es recht wollen, alle ihre Schicksale dienen.

23. JULI

Die größte Arbeit wird klein, wenn man sie in Stücke zerlegt und immer nur das nächstliegende ins Auge faßt.

24. JULI

Suchet vielmehr zuerst sein Reich und seine Gerechtigkeit! dann werden euch alle diese Dinge hinzugefügt werden. Darum sorget euch nicht um den morgenden Tag; denn der morgende Tag wird seine eigne Sorge haben. Jeder Tag hat genug an seiner eignen Plage. Matthäus 6,33–34

Wenn man auf Gottes Wegen geht, kommt für jeden Tag seine Kraft und seine Aufgabe von selber. Man braucht sie nicht zu ersorgen; man kann sie nur annehmen und ausführen.
Es ist ein ruhiges Leben trotz allem Kampf oder Leid im Vergleich zum Leben nach der Art der Welt. Auch die kühne Frage Christi, die er an die Jünger richtet – die von Haus aus gar nicht weniger sorglicher Natur waren als wir –, darf er noch heute an jeden richten, der ihm aufrichtig gefolgt ist: „Und er sprach zu ihnen: Als ich euch ohne Beutel und Tasche und Schuhe aussandte, habt ihr da an etwas Mangel gehabt? Sie aber sagten: An nichts!" (Lukas 22,35).
Es ist der sicherste Weg von allen. Das habe ich selbst – in sehr bescheidenem Maßstab – erfahren und kann es daher bezeugen.

25. JULI

Der Glaube besteht nicht in einer Anstrengung, sondern in einer Übergabe an Gott. Wir klopfen nicht an seine Tür, sondern er klopft an die unsrige, und wir müssen ihm auftun.
Dann kommt alles stufenweise ganz von selbst: erst grünendes Feld, dann fruchtverheißende Ähren, dann reife, gute Früchte und zuletzt die Einsammlung zur Ruhe nach einem wohlverbrachten Leben, das nicht vergebens gewesen ist.

26. JULI

Man kann unendlich vieles gehen lassen, wie andere es wollen, weil es im Grunde gleichgültig ist, und dadurch sich und den anderen das Leben sehr erleichtern. Umgekehrt gibt es Leute, die sich allmählich daran gewöhnen, immer an den Meinungen oder Vorschlägen anderer irgend etwas auszusetzen. Sie erreichen in der Regel nicht, daß man ihnen folgt, sondern bloß, daß man sie nicht mehr fragt.

27. JULI

Mitleid ist etwas Göttliches, wenn es nicht nur halbe Schadenfreude und Überhebung über den Tiefgebeugten ist.
Sich gerne bemitleiden lassen aber ist eine Schwäche und gelingt oft den Besten nicht.

Da erwiderte Eliphas von Theman und sprach:
Darf ich zu dir reden, da du verzagt bist? –
Doch die Rede zu verhalten, wer vermag es;
Siehe, du hast ja sonst viele gemahnt,
und schlaffe Hände hast du gestärkt.
Den Strauchelnden richteten auf deine Worte,
und brechenden Knieen gabst du Kraft.
Nun, da es an dich kommt, bist du verzagt,
weil es dich trifft, bist du bestürzt.
Hiob 4,1–5

So seid ihr jetzt für mich geworden;
ihr schaut das Schreckliche, und ihr schaudert.
Hiob 6,21

Hiob antwortete und sprach:
Solches habe ich oft gehört.
Leidige Tröster seid ihr alle!
Sind nun zu Ende die windigen Worte?
Oder was reizt dich, zu antworten?
Auch ich könnte wohl reden wie ihr,
wäret ihr nur an meiner Stelle,

wollte wider euch Worte fügen
und wollte den Kopf über euch schütteln.
Es spotten meiner meine Freunde;
zu Gott blickt tränend auf mein Auge.
Hiob 16,1–4.20

Erbarmt, erbarmt euch mein,
ihr, meine Freunde,
denn die Hand Gottes hat mich getroffen.
Warum verfolgt ihr mich wie Gott
und werdet nicht satt,
mich zu zerfleischen!
Hiob 19,21–22

28. JULI

Die Erfahrung habe ich öfter gemacht, daß jeder inneren Aufopferung in demselben Moment eine tatsächliche Antwort von oben her folgte, die mir zwar mitunter erst später bekannt wurde.
Diese Erfahrungen waren es wesentlich, die in mir den Glauben an einen persönlichen Gott befestigt haben; denn sie sind zu häufig und mitunter viel zu auffallend gewesen, als daß sie immer wieder bloßem Zufall zugeschrieben werden konnten.

Und ehe sie rufen, werde ich antworten; während sie noch reden, werde ich erhören. Jesaja 65,24

29. JULI

Geben lernt man – wie viele große Dinge – nur durch Übung. Dann aber wird es eine der größten Lebensfreuden.

Im Schweiße deines Angesichtes sollst du dein Brot essen, bis du wieder zur Erde kehrst, von der du genommen bist; denn Erde bist du, und zur Erde mußt du zurück. 1. Mose 3,19

Was ich als gut befunden habe
und was als schön, ist das:
Essen und Trinken und Genießen bei all der Mühe,
womit einer sich abmüht unter der Sonne
die kurze Zeit seines Lebens,
die Gott ihm vergönnt hat;
denn das ist sein Teil.
Auch wenn Gott einem Reichtum und Schätze gibt
und ihm gestattet, davon zu genießen,
sein Teil hinzunehmen und sich zu freuen
bei seiner Mühsal – das ist eine Gabe Gottes. Prediger 5,17–18

Wenn der alte jüdische Spruchdichter sagt, „es gebe nichts Besseres auf Erden, als fröhlich zu sein in seiner Arbeit, denn das sei des Menschen Los", so ist das heute noch ganz so wahr wie damals und eigentlich schon in der ältesten Darstellung von der Erschaffung der Menschen gesagt.
Aber es ist doch traurig, daß für Millionen die Fröhlichkeit nur durch die Arbeit entstehen und keine anderen Quellen haben soll. Beides ist nicht richtig. Erdenglück ohne Arbeit zu suchen, ist die größte Torheit, die es gibt. Das Glück bloß in seiner Arbeit finden zu müssen, ist im Grunde das Leben eines gezähmten Tiers, das zur Arbeit dressiert und zwangsweise dazu angehalten wird. Sieh die traurigen Augen auch des gutbehandelten Lasttiers an und entscheide dann, ob das dein und der Deinigen Schicksal sein soll.

Das innere Leben gleicht in mancher Hinsicht einer Bergbesteigung. Man darf die Tour nicht ohne Führer oder mit schlechten, des Weges unkundigen Führern und nicht mit untauglichen Gesellschaftern machen wollen. Und ebenso muß man Leuten, die es nicht können, gar nicht zumuten, die hohen Berge mitzubesteigen. Das führt nur zu gegenseitigem Verdruß, während man in den niedrigeren Regionen und in den bequemen Gasthäusern am Weg ganz freundlich und mit gegenseitigem Nutzen mit ihnen verkehren kann.

August

1. AUGUST

An einem gewissen Punkt des Lebens angelangt, ist man in der großen Gefahr, infolge zu starker Überzeugung von der Unwirksamkeit aller eigenen Kraft in eine unrichtige Seelenruhe, in Untätigkeit oder in Fatalismus zu verfallen.
Es darf uns keineswegs gleichgültig werden, was wir tun und wie wir es tun. Im Gegenteil, wir müssen allen Fleiß und alle unsere Begabung ernsthaft anwenden; aber aus Pflichtgefühl und Liebe zu Gott, nicht aus Ehrgeiz oder Habsucht, und dann den Erfolg Gott anvertrauen.
Dann geht alles gut und ohne jede Reklame. Sogar Fehler, die wir dabei noch begehen, werden uns zum Vorteil gewendet. Das kann man auch versuchen, wenn man es nicht glaubt.

2. AUGUST

Das Schwierigste ist anfänglich, den Lebensgenuß grundsätzlich aufzugeben. Das hält man, ohne in Stumpfsinn zu verfallen, nur aus, wenn man dafür die Liebe Gottes in das leer gewordene Herz und eine Erfahrung von dem Geist bekommt, den das Evangelium den heiligen nennt. Wo das nicht der Fall ist, tritt leicht ein starker Rückfall ein.

Wenn aber der unreine Geist aus den Menschen ausgefahren ist, durchzieht er wasserlose Orte und sucht eine Ruhestätte und findet keine. Dann sagt er: Ich will in mein Haus zurückkehren, aus dem ich weggegangen bin. Und wenn er kommt, findet er es leer, gesäubert und geschmückt. Dann geht er hin und nimmt sieben andre Geister mit sich, die schlimmer sind als er, und sie ziehen ein und wohnen dort; und es wird nachher mit jenem Menschen schlimmer als vorher. So wird es auch mit diesem bösen Geschlecht sein. Matthäus 12,43–45

3. AUGUST

Gottesferne ist das einzige große Unglück, das uns aber nie ohne unseren Willen treffen kann.

4. AUGUST

Wenn der Glaube an eine jenseitige Welt, die in unser irdisches Leben hineinragt, auch gar nichts anderes für sich hätte, so schließt er wenigstens sicher die Langeweile aus, durch die begabte Menschen noch mehr als durch schlechte Grundsätze zu Dingen verleitet werden, die dann das Unglück ihres Lebens sind.

5. AUGUST

Unter dem Titel „Wissenschaft" geht oft das einfältigste und unwahrste Zeug von der Welt spazieren, und alle, die es nicht verstehen, ziehen eine Zeitlang ehrerbietig den Hut vor ihm ab.

6. AUGUST

Der allergewisseste Beweis für das Dasein einer „Vorsehung", wie eine beliebte Bezeichnung für Gott lautet, ist für mich stets die Erfahrung gewesen, daß ich die großen Gefahren meines Lebens erst gesehen habe, wenn sie vorüber waren, und daß ich von anderen oft fast mit Gewalt zurückgehalten worden bin.

7. AUGUST

Wenn man sich in Gottes Gedanken über uns versetzen könnte, so müßte es uns auf das Allertraurigste stimmen, wenn wir sehen, wie ungemein selten es völlig treue und dankbare Menschen sind, durch die Gott alle seine Taten wirken kann, wie er es beabsichtigt und stets nur durch Menschen, nicht auf andere Weise, tut. Nicht einmal Mose und Paulus sind ganz zuverlässige Knechte gewesen.

Der Herr aber sprach zu Mose und Aaron: Weil ihr nicht auf mich vertraut habt, so daß ihr mich vor den Augen der Israeliten verherrlicht hättet, darum sollt ihr diese Gemeinde nicht in das Land bringen, das ich ihnen bestimmt habe. 4. Mose 20, 12

8. AUGUST

Da sprach sie zu Elia: Was habe ich mit dir zu schaffen, du Mann Gottes? Du bist ja nur zu mir gekommen, daß meiner Schuld gedacht werde und mein Sohn sterbe. 1. Könige 17, 18

Diese heidnische Frau dachte ganz korrekt. Gott hatte in ihrem Hause Wohnung genommen, und da muß alles um ihn herum sauber werden. Das aber geschieht durch Leiden.
Das ist der Grund vieler Leiden und auch der Grund, weshalb viele Leute die Nähe Gottes gar nicht wünschen würden, wenn sie sie haben könnten.

Als sie nun hörten, wie Gott der Herr in der Abendkühle im Garten wandelte, verbarg sich der Mensch mit seinem Weibe vor dem Angesichte Gottes des Herrn unter den Bäumen im Garten. 1. Mose 3, 8

Als Simon Petrus das sah, warf er sich zu den Knien Jesu nieder und sprach: Geh von mir hinaus, denn ich bin ein sündiger Mensch, o Herr! Lukas 5, 8

9. AUGUST

Manche recht frommen Leute betrachten das Beten, Kirchengehen und alle sogenannten „gottesdienstlichen Handlungen" als eine Art von Pflicht und Werk, gewissermaßen als ein Geschäft, womit sie Gott wohlgefallen und einen Teil ihrer Lebensaufgaben abtun. Dabei sollen sie vielmehr Mittel zur Stärkung unseres Glaubens sein, die nur einen Wert haben, insoweit sie diesen Zweck erfüllen. Wer nicht besser aus der Kirche kommt als er hineingeht, wer sich nach einem Tischgebet ganz in das Vergnügen des Essens und Trinkens versinken läßt, der täte besser, beides zu unterlassen, bis ihm der Sinn dieser Handlungen klarer wird. Gott will nichts für sich, sondern alles für uns. Oft stellt man ihn uns aber als einen beständig fordernden Vater dar, den man so schnell wie möglich zu befriedigen suchen muß, was manchen sogar ganz frommen Leuten eigentlich oft unbequem ist. Von dem Glück eines beständigen Lebens mit ihm haben im ganzen genommen nur wenige Menschen eine recht überzeugte und erfahrene Vorstellung.

10. AUGUST

Einmal kommt im Leben des Menschen plötzlich das Einfache und zeigt ihm, daß ihm ohne die rechte Liebe zu Gott aller Glaube und alle historische oder dogmatische Kenntnis des göttlichen Willens nicht vorwärts hilft, während ihm mit dieser Liebe im Herzen alles klar, leicht und einfach wird. Dazu müssen wir gelangen; dann können wir alle unsere philosophischen und theologischen Bücher schließen und wollen es auch.

Die Theologie ist eine menschliche Wissenschaft, sehr gut und sehr hochzuschätzen, soweit eine Wissenschaft davon bestehen kann. Es gibt aber auch eine direkte Gewißheit darüber, die Gott allein schenken kann, nur ist ein sehr großes Maß von gesundem Menschenverstand oder von wahrer Bildung und in jedem der beiden Fälle von aufrichtiger Bescheidenheit nötig, um keinen Selbsttäuschungen zu verfallen.

Daher tue ich euch kund, daß niemand, der im Geist Gottes redet, sagt: Ein Fluch ist Jesus, und niemand sagen kann: Herr ist Jesus, außer im heiligen Geist. Es gibt aber Verschiedenheiten in der Zuteilung von Gnadengaben, doch (nur) einen und denselben Geist; und es gibt Verschiedenheiten in der Zuteilung von Diensten, und (nur) einen und denselben Herrn; und es gibt Verschiedenheiten in der Zuteilung von Kraftwirkungen, doch (nur) einen und denselben Gott, der alles in allem wirkt. Jedem aber wird die Offenbarung des Geistes zum Nutzen (der Gemeinde) gegeben. Dem einen nämlich wird durch den Geist Weisheitsrede gegeben, einem andern aber Erkenntnisrede gemäß demselben Geist, einem andern aber Gnadengaben zu Heilungen in dem einen Geist, einem andern aber wirkungskräftige Machttaten, einem andern Rede aus Eingebung, einem andern aber Unterscheidung der Geister, einem andern (verschiedene) Arten von Zungenreden, einem andern aber Auslegung der Zungenreden. Alles dies aber wirkt ein und derselbe Geist, der jedem für sich zuteilt, wie er will.

1. Korintherbrief 12, 3–1

11. AUGUST

Gehorsam müssen wir sein und nicht sinnlich, unseren Willen Gott geben und auf das Prinzip des Genusses verzichten; dann kann Gott mit uns direkt, ohne menschliche Dazwischenkunft, verkehren. Wenn das geschieht, haben wir ein Glück in Fülle, das die Welt nicht begreifen kann; sonst würde sie es auch eifrigst suchen.

12. AUGUST

Pessimisten mit Worten bekehren zu wollen, damit muß man sich nicht abmühen. Sie setzen Widerstand entgegen, und es gereicht ihnen zu einer besonderen Genugtuung, in solchen Wortgefechten unbesiegt zu bleiben und möglichst auch noch anderen ihre Lebensfreude zu nehmen. Denn der Mensch will in seinem Unfrieden doch Gesellschaft haben. Zeige ihnen möglichst eine bessere Lebensführung und streite nicht mit ihnen. Gib einfach zu, daß ihre Auffassung der menschlichen Dinge auch möglich, wenn auch nicht zweckmäßig, weder für sie selbst noch für das Ganze sei, und trage sie, wenn dich eine Pflicht an sie bindet, mit Geduld. Gott kann das ändern, wir nicht.

Lies: Psalm 115, 116, 147.

13. AUGUST

Es wird, wie wir uns das Endgericht über alles Tun und Lassen nach menschlichen Begriffen und Entsprechungen denken, viele geben, die mit einem gewissen Schein der Begründung sprechen werden: „Herr, du weißt am besten, wie schwach unsere Kraft und wie groß die Macht der Welt und der Versuchung gewesen ist, und wirst uns danach gerecht beurteilen." Ob aber die Antwort darauf nicht so lautet: „Du wußtest aber auch, daß ich gar nicht Tugend aus eigener Kraft verlangte, und warst auch damit bekanntgemacht worden, wo die Kraft zum Guten stets zu haben sei, versäumtest aber diesen Weg aus Gleichgültigkeit, Hochmut oder Vorurteil" – das ist eine andere und die entscheidende Frage.

14. AUGUST

Eine gewisse Kleinheit, ja sogar selbst Beschränktheit der Lebensverhältnisse kann, wenn keine Angst vor der Zukunft hinzutritt und man größere Verhältnisse aus eigener Anschauung kennt und sich nicht ein glänzendes Phantasiebild davon macht, zum Glück des Lebens beitragen.

15. AUGUST

Sehr reiche und sehr vornehme Leute entbehren eine ganze Menge von kleinen Lebensfreuden, die das Dasein fröhlich machen und lediglich, wie die kleinen, lieblichen Alpenpflänzchen, auf einem etwas harten und steinigen Boden gedeihen. Sehr viele Menschen verderben sich ihr Dasein damit, daß sie sich in einen Luxus stürzen, dem sie nicht nur ökonomisch, sondern vor allem auch seelisch gar nicht gewachsen sind.

Gib mir weder Armut noch Reichtum;
laß mir die Speise werden, die mir beschieden ist!
Sprüche 30, 8 b

Der Gebeugte hat lauter böse Tage,
der Wohlgemute hat allezeit Fest.
Sprüche 15, 15

Wer sein Feld bebaut, der hat Brot genug;
wer nichtigen Dingen nachjagt, der leidet Mangel.
Sprüche 12, 11

16. AUGUST

Das Merkwürdigste im menschlichen Leben ist die Erfahrung, daß man schon längst ganz sicher weiß, daß die Genußsucht immer Leiden und die Selbstverleugnung immer den höchsten und besten Genuß zur Folge hat, bevor man auch danach handelt.

17. AUGUST

Ein gesunder, tapferer Entschluß oder noch besser eine direkte gute Handlung sind oft die allerbeste Medizin, namentlich in solchen Zuständen, die meistens eine Mischung von leiblichen und seelischen Defekten sind.

18. AUGUST

Manche Menschen brauchten vor allen Dingen mehr Alleinsein mit Gott. Das beständige Zusammensein mit anderen läßt sie nie zu einem eigentlichen Nachdenken über sich selbst kommen. Das ist der Fehler der sogenannten „christlichen Gemeinschaft", wenn sie übertrieben wird.
Da muß Gott oft durch schwere und lange Krankheit helfen, die von aller solchen Zerfahrenheit abschneidet.

19. AUGUST

Man kann nicht immer in enthusiastischer Stimmung sein, selbst für das höchste und beste Gut nicht; das gestattet die menschliche Schwachheit nicht einmal den Allerbesten. Es gibt keine solchen „Heiligen" und hat sie nie gegeben.
Aber in fester Willensverfassung, dieses höchste Gut allein zu schätzen und ihm unentwegt anzuhängen, kann und muß man sich immer befinden.

20. AUGUST

Mut und Demut müssen stets beisammen sein – Mut gegen die Menschen, die uns weder recht helfen noch viel schaden können; Demut gegen Gott, der der Urheber alles Guten in uns ist und von dessen Gnade wir ganz allein sind, was wir sind.
Doch ist diese wahre Demut auch mit dem Mut verwandt; denn ohne ihn würde man es gar nicht wagen, vor Gottes Angesicht zu treten, sofern man darunter überhaupt etwas Wirkliches und Persönliches versteht.

21. AUGUST

Zuerst muß der Mensch in wahrer Demut die wahre Heiligkeit erlangt haben, die doch die Grundlage aller rechten Tätigkeit für den Herrn und die Welt ist. Das ist unbedingt zu berücksichtigen; sonst wird die Tätigkeit leicht falsch.

22. AUGUST

Es ist der schwierigste Augenblick des menschlichen Lebens, wenn der Mensch von seiner Eigenliebe grundsätzlich geschieden werden und damit in die förmliche Todesnacht eingehen muß, welche die Mystiker die „Vernichtung“ nennen. Ohne ein gewisses, beständig schimmerndes Licht der Verheißung dessen, was nachfolgt, würde kein Mensch zu diesem Tod fähig sein, und keiner wird jemals ohne Schaudern unmittelbar davor stehen. Zum Glück für uns werden wir aber meistens durch zwingende Umstände in die Lage versetzt, einfach zu müssen. Sonst würde die Kraft dazu fehlen, die nun nur noch eine Ergebung zu sein braucht, nicht eine Wahl.
Wer das aber nicht selbst erlebt hat, der spricht zu dem allem: „Paulus, du rasest“ (Apostelgeschichte 26,24).

23. AUGUST

Man sollte beständig nur darauf denken, etwas Gutes zu tun. Wenn die Gedanken dahin gerichtet sind, findet sich auch stets die Gelegenheit dazu. Das erleichtert das Leben, ganz besonders in seinen schweren Zeiten, weitaus am besten, und es schützt in den guten vor Leichtsinn und Oberflächlichkeit.

24. AUGUST

Leuten, die unaufhörlich klagen und nie mit ihren, wenn auch erträglichen Verhältnissen zufrieden sind, schickt Gott, solange sie noch besserungsfähig sind, größere Leiden, damit sie den Unterschied zwischen solchen und den kleineren, unvermeidlichen Schwierigkeiten jedes Lebens kennenlernen und künftig dankbarer für alles Gute sind.
Wer über kleinere Übel zu viel klagt, bekommt also leicht größere und entbehrt dann noch des Mitleids, da man an seine beständigen Klagen gewöhnt ist.

25. AUGUST

Der einzig richtige Verkehr mit Menschen aller Art besteht darin, daß man sich vornimmt, ihnen wahrhaft Gutes zu tun oder solches von ihnen zu empfangen. Man darf namentlich niemals Menschen bloß zum Vergnügen oder zur Arbeit „halten" oder besitzen, wie man ein Tier oder einen leblosen Gegenstand besitzt, und ihnen ebensowenig in bezug auf ihr Wohl gleichgültig gegenüberstehen, sobald man irgendwelche Beziehungen zu ihnen hat.
Wo das alles nicht möglich erscheint, ist es besser, keine Verbindung einzugehen.
Es gehört viel Ruhe und Sicherheit dazu, um mit vielen Menschen ohne Schaden zu verkehren.

26. AUGUST

Also bleibt dem Volke Gottes eine Sabbatruhe übrig. Hebräerbrief 4,9

Ja, eine Ruhe gibt es für solche stets, auch in unserer bewegten und im ganzen ruhelosen Zeit. Aber auch für sie dann nicht, wenn die Zeit zum Arbeiten und Handeln bestimmt ist; da kann man mit unzeitigem Ruhenwollen gerade zur Unruhe des Innern, mitunter sogar zur Vernachlässigung des Höchsten und Besten gelangen.

Wer ist also der treue und kluge Knecht, den sein Herr dazu über sein Gesinde gesetzt hat, ihnen die Speise zur rechten Zeit zu geben? Matthäus 24,45

Und als er vom Gebet aufgestanden war und zu den Jüngern kam, fand er sie schlafend vor Traurigkeit. Und er sprach zu ihnen: Was schlaft ihr? Stehet auf und betet, daß ihr nicht in Versuchung kommt! Lukas 22,45–46

Ruhe muß dir überhaupt von Gott geschenkt werden; du darfst sie dir nicht willkürlich nehmen, selbst im Alter und in der Krankheit nicht. Benütze dagegen konsequent die, welche allgemein geboten und meistens auch jedermann gestattet ist: den Schlaf vor Mitternacht und den Sonntag. Das hilft schon sehr viel zum Gefühl des Ausgeruhtseins, und es ist ein Segen dabei. Man kann durch zuviel Ruhe oder Bequemlichkeit ebenso müde werden wie durch zuviel Arbeit und Hetze.
Auch die „Mußestunden" und „Ferienzeiten" sind nicht dazu da, um etwas Unnützes oder oft gar noch Schädliches vorzunehmen, sondern etwas Gutes für Leib und Geist. Die Lebenszeit ist zu kurz, um einen erheblichen Teil davon ganz unnütz verstreichen zu lassen, und ein Vergnügen ohne guten Zweck und Sinn oder sogar mit üblen Folgen ist keines.

27. AUGUST

„Setze deinen Fuß nicht in einen Schuh, der für ihn zu groß ist", sagt ein, wenn ich nicht irre, arabisches Sprichwort. Es ist die Erklärung manches verfehlten Lebens, selbst in hohen Stellungen; denn es entsteht ein unsicherer Gang daraus und ein stets zunehmender Mangel an Vertrauen bei denen, die es bemerken.
Aber es kann ebensogut auch zu enge Schuhe geben, die beständig drücken und Schmerzen verursachen, die man also

wechseln muß. Richtig ist, wenn die Lebensstellung immer dem Wachstum und der Kraft angepaßt ist; das erreicht aber keine menschliche Klugheit, sondern nur ein fester Glaube an die göttliche Führung.

Wird auch ein Weib ihres Kindleins vergessen, daß sie sich nicht erbarmte über den Sohn ihres Leibes? Und ob sie gleich seiner vergäße, so will ich doch dein nicht vergessen. Siehe, auf meine Hände habe ich dich gezeichnet; deine Mauern habe ich immerdar vor Augen. Jesaja 49, 15–16

Ihr seid teuer erkauft worden; werdet nicht Sklaven von Menschen. Worin jeder berufen worden ist, ihr Brüder, darin bleibe er vor Gott.
1. Korintherbrief 7, 23–24

28. AUGUST

Predigen als Beruf ist deswegen besonders schwierig, weil das Werk Gottes ein stufenweises ist und die Stufe des Zuhörers unmöglich immer, ja sogar selten der Stufe des Lehrers entspricht.
Dessenungeachtet tut der Prediger am besten, darauf nicht zu achten, sondern das Allerbeste zu geben, was er selbst hat; denn wenn seine Meinung aufrichtig und sein Werk überhaupt Gottes Rat und nicht das seiner Eitelkeit und daher Scheinwerk ist, so hat jede Stufe wenigstens etwas von der anderen in sich, das das Verständnis ermöglicht. Mißverstanden werden nur die Prediger, in denen der edle Wein des Evangeliums noch durch unreine Gefäße fließt und die eigentlich noch gar nicht reden sollten.

29. AUGUST

Ich werde nicht mehr vieles mit euch reden; denn es kommt der Fürst der Welt. Und an mir findet er nichts. Johannes 14,30

In jedem richtig geführten Menschenleben kommt zuletzt einmal ein Tag, wo der „Fürst dieser Welt" zur Inspektion kommt und, wenigstens dem Willen nach, nichts von dem Seinigen mehr finden darf. Dann aber beginnt der „letzte Kampf und Strauß", in dem es noch auszuhalten gilt.

30. AUGUST

Wenn man zu einem wirklichen Lebensgenuß gelangen will, muß man sich vor allem klarmachen, worin er eigentlich besteht, und sodann entschlossen allem aus dem Wege gehen, was ihn hindert. Leider kommt man dazu gewöhnlich erst, wenn das Leben schon mehr als halb vorüber ist; und wenn es kein weiteres gäbe, wäre ein gewisser Grad von Pessimismus die unausbleibliche Folge dieser Erfahrung.

31. AUGUST

Denn es ist gut, daß das Herz durch Gnade gefestigt wird. Hebräerbrief 13,9

Wenn man in einer bestimmten Sache einmal durch reifliche Überlegung, Prüfung aller Gründe für und wider, oder noch besser durch die eigene Lebenserfahrung zu einer bestimmten Ansicht gelangt ist, so muß man damit auch abschließen und alles weitere Nachdenken darüber aufgeben können. Zweifel lassen sich gegen alles erheben, sogar gegen Dinge, die längst abgetan sind, und der unglücklichste Zustand ist der sogenannte Skeptizismus, der zuletzt an allem zweifelt.
Das Herz muß endlich einmal „fest werden".

Wenn der Apostel sagt, das geschehe nur „durch Gnade", so ist das zwar richtig; aber diese Gnade, die angeboten wird, muß man eben annehmen, und wenn man sie einmal hat, festhalten; sonst ist man ein Tor und verdient es, ewig unruhig zu sein.

September

1. SEPTEMBER

Es ist erfahrungsgemäß völlig richtig, was schon eine Heilige des 13. Jahrhunderts in ihren Visionen erkannte, daß Kreuz und göttliche Liebe zusammen die sicheren Zeichen des ganz geraden Weges sind. Wenn eines dieser Zeichen oder, wie es dann in der Regel der Fall sein wird, beide dir fehlen, dann nimm dich in acht; du bist dann nicht auf der königlichen Heerstraße zum wahren Glück, sondern auf einem der vielen, täuschenden Nebenwege.

2. SEPTEMBER

Der Satan antwortete dem Herrn und sprach: Ist etwa Hiob umsonst gottesfürchtig? Hast nicht du selbst ihn und sein Haus umhegt und alles, was er hat, ringsum? Das Tun seiner Hände hast du gesegnet, und seine Herden haben sich ausgebreitet im Lande. Aber recke doch einmal deine Hand aus und rühre an alles, was er hat; fürwahr, er wird dir ins Angesicht fluchen. Da sprach der Herr zum Satan: Wohlan, alles, was er hat, ist in deiner Hand! Nur nach ihm selbst recke deine Hand nicht aus! Da ging der Satan hinweg vom Angesicht des Herrn. Hiob 1,9–12

Und der Herr sprach zum Satan: Hast du achtgehabt auf meinen Knecht Hiob, daß seinesgleichen keiner ist auf Erden, ein Mann so fromm und bieder, so gottesfürchtig und dem Bösen feind? Noch hält er fest an seiner Frömmigkeit; und du hast mich wieder ihn gereizt, ihn ohne Ursache zu verderben. Der Satan antwortete dem Herrn und sprach: Haut um Haut! Alles, was der Mensch hat, gibt er um sein Leben. Aber recke doch einmal deine Hand aus und rühre sein Fleisch und Gebein an; fürwahr, er wird dir ins Angesicht fluchen. Da sprach der Herr zum Satan: Wohlan, er ist in deiner Hand! Nur seines Lebens schone! Hiob 2,3–6

Das Böse erhält hier und da von Gott die förmliche Erlaubnis, sich an einzelnen Menschen recht gründlich zu versuchen, damit man deutlich sieht, was es kann und was es nicht vermag.
Es ist ein Triumph Gottes, einen Menschen zu finden, an dem es alle seine Macht vergeblich erschöpft. Gott diese Freude zu bereiten, ist die höchste menschliche Lebensaufgabe. Aber sehr vermessen würde der sein oder die Macht des Bösen viel

zu wenig kennen, der diese Aufgabe für sich suchte oder, vor sie gestellt, sich nicht beständig klar bewußt bliebe, einen wie geringen Anteil an ihrer Durchführung seine eigene Kraft hat. Und sogar im allerbesten Fall geht er schwer beschädigt, oft sogar ganz zerbrochen, wenn auch unüberwunden, aus diesem furchtbaren Kampf hervor.

3. SEPTEMBER

Der festeste Trost in den oft im Leben vorkommenden Zeiten, in welchen der Mensch an seinem Beruf in der Welt irre, kleinmütig oder rückgängig werden möchte, ist der Gedanke, daß nicht eigentlich wir Gott wählen, sondern Gott uns erwählt und zu seinem Eigentum macht.

Nicht ihr habt mich erwählt, sondern ich habe euch erwählt und euch dazu bestimmt, daß ihr hingeht und Frucht tragt und daß eure Frucht bleibe, damit euch der Vater gebe, um was ihr ihn in meinem Namen bittet.
Johannes 15,16

Damit muß man sich durch die „Täler der Demütigung" schlagen, bis es ganz von selber besser wird, sobald der Zweck dieser Leiden erreicht ist.

4. SEPTEMBER

Verbrechernaturen sind solche, die fähig sind, sei es aus Launenhaftigkeit oder um des eigenen vermeintlichen Vorteils willen, jede Pflicht zu verletzen und alle Menschen zu opfern, die ihnen dabei in den Weg kommen. Sie finden sich in den geachtetsten Stellungen, und es ist bloß Zufall oder Gnade Gottes, wenn sie nicht Verbrechen begehen. Sie können aber auch ohne allen Zweifel durch die Gnade Gottes und den eigenen freien Willen ihre böse Natur ändern und sogar Heilige werden. Daran muß man nie ganz verzweifeln.
Himmelsnaturen sind solche, die von Natur allem Schlechten und Gemeinen abgeneigt und dagegen stets geneigt sind, sich

für andere zu opfern. Man muß leider auch hier beifügen: sie können sich verschlechtern. Frage dich selbst in einer stillen Stunde, zu welchen Naturen du gehörst – woran du ja nicht schuld bist –, und fasse den Entschluß, unter allen Umständen siegreich im Guten dieses Leben zu verlassen.

5. SEPTEMBER

Zum wirklichen Glauben gelangt man erst, wenn man durch Erfahrungen sieht, daß Gott und seine Herrschaft etwas wirklich Tatsächliches und jeder wirkliche Fortschritt im eigenen inneren Leben ebenfalls ein Geschehen, nicht bloß eine Lehrmeinung oder gar eine Phantasie ist.

Man kann es denen, die behaupten, das noch nie erfahren zu haben, nicht übel nehmen, wenn sie es bloß auf die Versicherung eines Menschen oder eines Buches hin nicht glauben wollen, sondern die Realitäten dieser Welt, die sie mit Augen sehen und mit Händen greifen können, für etwas viel Sichereres halten. Die Frage ist nur, ob es wahr ist, daß sie nie andere Erfahrungen gemacht haben, und in dieser Hinsicht erscheint uns das Wort in Hiob 33, 29–30 tröstlich und wahr:

Siehe, dies alles tut Gott
zweimal und dreimal mit dem Menschen:
er holt seine Seele zurück aus der Grube,
daß er sich freue am Lichte des Lebens.

6. SEPTEMBER

Das menschliche Leben, wenn es einen rechten Zweck haben soll, muß ein beständiges Empfangen und Wieder-Ausgeben der Freundlichkeit Gottes sein. Manche Menschen haben es von Jugend auf, gewissermaßen von Natur, mehr an sich als andere, denen es nur durch viele Leidenserfahrungen zuletzt aufging. Wer aber gar nicht dazu kommt, hat ein halb oder ganz verfehltes Leben zu beklagen.

7. SEPTEMBER

Energisch gut muß man werden, demütig vor Gott, fest gegenüber den Menschen und nicht allzu zart für diese großenteils recht rücksichtslose Welt. Möglich ist das aber nur, wenn man auf diese Welt keinen wesentlichen Wert mehr legt.

8. SEPTEMBER

Verschwunden sind die Frommen im Lande, kein Redlicher ist mehr unter den Menschen. Sie lauern alle auf Blut und stellen einer dem andern das Netz. Ihre Hände verstehen es trefflich, Böses zu tun; der Obere fordert, und der Richter ist feil; der Mächtige entscheidet nach seinem Belieben, und das Recht, das verdrehen sie. Der Beste unter ihnen ist wie ein Stechdorn, und der Redlichste von ihnen ist wie eine Dornhecke. Der Tag deiner Späher, deine Heimsuchung, ist gekommen; nun hebt die Bestürzung an. Vertraue keiner dem Nächsten! verlasse sich keiner auf den Freund! verwahre die Pforte deines Mundes vor dem Weibe an deiner Brust! Denn der Sohn verachtet den Vater, die Tochter erhebt sich wider die Mutter, die Sohnsfrau wider die Schwieger; des Menschen Feinde sind die eigenen Hausgenossen. Ich aber will ausschauen nach dem Herrn, will harren auf den Gott meines Heils! Er wird mich erhören, mein Gott. Freue dich nicht über mich, meine Feindin! Wenn ich gefallen bin, stehe ich wieder auf; wenn ich in Finsternis sitze, ist der Herr mein Licht. Ich will den Grimm des Herrn tragen – denn ich habe wider ihn gesündigt –, bis er sich meiner Sache annimmt und mir Recht schafft, mich an das Licht herausführt, daß ich seine Gerechtigkeit schaue. Meine Feindin aber soll es sehen, und Beschämung soll über sie kommen, die zu mir sagt: Wo ist der Herr, dein Gott? Meine Augen werden sich an ihr weiden; nun wird sie zertreten wie Kot auf der Gasse.

Micha 7,2–10

Das ist ein sprechendes Bild mancher jetzigen Verhältnisse und ein großer Trost in solchen Leidenszeiten, die aus einer Widerwärtigkeit der ganzen Welt, oft auch namentlich der nächsten Umgebung, entstehen, Dingen, denen sogar Christus nicht entging.

Denn auch seine Brüder glaubten nicht an ihn. Johannes 7,5

Als die Seinigen das hörten, gingen sie aus, um sich seiner zu bemächtigen; denn sie sagten: Er ist von Sinnen. Markus 3,21

Und „des Menschen Feinde werden die eignen Hausgenossen sein". Matthäus 10,36

Aber wenn das Herz fest und redlich bleibt, so kommt ganz von selbst und oft sogar ganz unerwartet und überreichlich eine Zeit der Genugtuung:

Deine Erbauer eilen herbei – da ziehen aus von dir deine Zerstörer und Verwüster. Jesaja 49,17

Raffe dich auf! Raffe dich auf! Erhebe dich, Jerusalem, die du getrunken von der Hand des Herrn den Kelch seines Grimms, die du den Taumelbecher getrunken, geschlürft! Jesaja 51,17

Keine Waffe, wider dich geschmiedet, hat Glück, und jede Zunge, die wider dich klagt im Gerichte, überführst du des Unrechts. Dies ist das Erbe der Knechte des Herrn und ihr Heil von mir, spricht der Herr. Jesaja 54,17

Fürchte dich nicht, denn du wirst nicht zuschanden, und stehe nicht beschämt, denn du mußt nicht erröten. Der Schande deiner Jugend wirst du vergessen und der Schmach deiner Witwenschaft nicht mehr gedenken. Jesaja 54,4

Und tiefgebückt werden zu dir kommen die Söhne deiner Bedrücker, und alle, die dich geschmäht, werden dir zu Füßen fallen und dich nennen „Stadt des Herrn", „Zion des Heiligen Israels". Jesaja 60,14

Und Fremde werden deine Mauern bauen, und ihre Könige werden dir dienen; denn in meinem Zorn habe ich dich geschlagen, doch in meiner Huld mich deiner erbarmt. Jesaja 60,10

9. SEPTEMBER

Man muß zuerst im Reich Gottes lernen, daß alles Gute durch einen Glauben in uns entsteht, sonst bekommt es keine Kraft im Wuchs, und daß alles zum Wachsen seine Zeit haben muß. Was zu schnell geht, muß zwei- und dreimal wiederholt werden und dauert damit schließlich am längsten. „Gott tut alles fein zu seiner Zeit", nur der Mensch ist immer eilig.

10. SEPTEMBER

Die scharfe, tief einschneidende Pflugschar der Angst muß immer von neuem die stets nachwachsende harte Rinde unseres Herzens offenlegen, bevor ein neues fruchtbares Samenkorn der ewigen Wahrheit hineinfallen und darin Wurzel schlagen kann. Ohne diesen Vorgang bleiben wir unempfänglich für die eigentlich wahren Dinge, die dem Leben wirklich zugrunde liegen.

11. SEPTEMBER

Die besten Heilungen, besonders bei nervösen Krankheiten, erfolgen da, wo ein kräftiger, wahrer Glaube und ein entschiedener Entschluß, das wiedergewonnene Leben besser anwenden zu wollen als bisher, dem Arzt entgegenkommen.

Denn sie sagte bei sich selbst: Wenn ich nur sein Kleid anrühre, werde ich gesund werden. Jesus aber wandte sich um, sah sie und sprach: Sei getrost, meine Tochter; dein Glaube hat dich gerettet. Und die Frau war von jener Stunde an gesund. Matthäus 9,21–22

Da sprach Jesus zu ihm: Wenn du (etwas) vermagst! Alles ist möglich dem, der glaubt! Alsbald rief der Vater des Knaben laut: Ich glaube; hilf meinem Unglauben! Markus 9,23–24

Darnach fand ihn Jesus im Tempel und sprach zu ihm: Siehe, du bist gesund geworden; sündige nicht mehr, damit dir nicht etwas Schlimmeres widerfährt! Johannes 5,14

Wo das aber nicht der Fall ist, trifft der harte Ausspruch gerade ebenso oft zu:

Gebet das Heilige nicht den Hunden und werfet eure Perlen nicht vor die Schweine, damit sie nicht etwa mit ihren Füßen sie zertreten und sich umwenden und euch zerreißen. Matthäus 7,6

Dieses Elend ist heute groß, und die Kundigen, die es zu beurteilen und zu behandeln wissen, sind auch nicht allzu häufig.

Als er aber die Volksmenge sah, fühlte er Erbarmen mit ihnen; denn sie waren abgequält und erschöpft wie Schafe, die keinen Hirten haben. Da sagte er zu seinen Jüngern: Die Ernte ist groß, aber der Arbeiter sind wenige. Bittet daher den Herrn der Ernte, daß er Arbeiter in seine Ernte sende!
Matthäus 9,36–38

12. SEPTEMBER

Und damit ich mich der Überschwenglichkeit der Offenbarungen nicht überhebe, wurde mir ein Dorn für das Fleisch gegeben, ein Engel Satans, daß er mich ins Gesicht schlage, damit ich mich nicht überhebe. Mit Bezug auf diesen habe ich den Herrn dreimal gebeten, daß er von mir ablassen möchte. Und er hat zu mir gesagt: Meine Gnade ist genug für dich, denn die Kraft erreicht ihre Vollendung in Schwachheit. So will ich nun am liebsten mich vielmehr der Schwachheiten rühmen, damit die Kraft Christi bei mir Wohnung nehme. Daher habe ich Wohlgefallen an Schwachheiten, an Mißhandlungen, an Nöten, an Verfolgungen und Ängsten um Christi willen; denn wenn ich schwach bin, dann bin ich stark.
2. Korintherbrief 12,7–10

Was der Apostel Paulus seinen Dorn im Fleisch oder den Satansengel nennt, der ihn mit Fäusten schlage, ist wahrscheinlich nichts anderes gewesen als die aus äußeren Ursachen nicht erklärbare Mutlosigkeit, die sich bis zu einer halb wahnsinnigen Angst vor etwas gar nicht in einer bestimmten Weise Vorhandenem steigern kann, oft aber auch eine wirkliche Vorahnung bevorstehender Übel ist.

Es ist der beste augenblickliche Trost in solchen Lagen, sich mit dem Apostel bewußt zu bleiben, daß diese Schwachheit auch eine Stärke sein kann, wenn sie nämlich die Empfänglichkeit und Offenheit für die göttlichen Gebote vermehrt, und daß die Allergrößten unseres Geschlechtes sie empfunden haben. Sie gehört in den Erziehungsplan jedes Menschen.

13. SEPTEMBER

Willst du gesund werden, so warte nicht lange Monate oder Jahre vergeblich auf menschliche Hilfe, sondern ergreife gleich frisch und ohne viele menschliche Vermittlungen die Hand, die immer helfen kann und will. Der Hilfe des Arztes muß diese vorangegangene Hilfe schon entgegenkommen.
Den Zweiflern oder Spöttern aber antworte dann ruhig, was schon lange vor dir ein anderer antwortete und seither Unzählige noch:

Es war aber dort ein Mensch, der 38 Jahre an seiner Krankheit gelitten hatte. Als Jesus diesen daliegen sah und erfuhr, daß er schon lange Zeit (so) zugebracht hatte, sagte er zu ihm: Willst du gesund werden? Der Kranke antwortete ihm: Herr, ich habe keinen Menschen, der mich in den Teich bringt, wenn das Wasser bewegt wird; während ich aber komme, steigt ein anderer vor mir hinab. Jesus sagt zu ihm: Steh auf, hebe dein Bett auf und geh umher! Johannes 5, 5–8

Und Jesus sprach: Um ein Gericht herbeizuführen, bin ich in diese Welt gekommen, damit die Nichtsehenden sehen und die Sehenden blind werden. Einige der Pharisäer, die bei ihm waren, hörten dies und sagten zu ihm: Sind etwa auch wir blind? Jesus sprach zu ihnen: Wenn ihr blind wäret, hättet ihr keine Sünde. Nun aber sagt ihr: Wir sehen, Eure Sünde bleibt.
Johannes 9, 39–41

14. SEPTEMBER

Das Recht ist heute und schon seit langer Zeit eine eigentümliche Mischung von Wahrem und Unwahrem, und bei der Rechtsprechung kommt es wesentlich darauf an, nur den ersten Teil zur Geltung zu bringen. Man denkt dabei oft an das Wort: „Gott hat die Menschen zur Einfachheit geschaffen; aber sie suchen viele Künste."
Weshalb? Teils, weil ihnen die einfache, gottgewollte Lebensart zu einfach ist; teils, weil der Egoismus stets der Wahrheit im Wege steht; und nicht am wenigsten, weil man sich durch angelernte Künste mehr vor anderen auszeichnen und geltend

machen kann als durch die einfache Wahrheit und ihren Dienst.
So entsteht denn um die wirklichen Rechtsverhältnisse manchmal jahrhundertelang eine Art Dunstkreis von hergebrachten Lügen oder Halbwahrheiten, der durch Gesetze und Gerichte künstlich erhalten wird, obwohl das Rechtsgefühl dagegen spricht; bis ihn von Zeit zu Zeit einmal ein ungewöhnlich Starker im Auftrag Gottes zerteilt und der Wahrheit wieder die Tür öffnet.

15. SEPTEMBER

Was sollte ich reden und zu ihm sagen, da er es getan? Verscheuchen mußte ich all meinen Schlaf ob der Betrübnis meiner Seele. Jesaja 38,15

Die Demut ist dem Menschen vielleicht am allerwenigsten natürlich von allen Eigenschaften des Herzens. Er ist von Natur immer entweder zu übermütig oder zu verzagt und zu schüchtern. Echte Demut ist ein wundervolles Gefühl fremder Kraft; Kraftgefühl durch und durch, aber mit dem Bewußtsein, daß es Gnade Gottes ist, das einzige unschädliche Gefühl der Stärke. Aber, wie der Prophet es den König sagen läßt, die Demut entsteht im Menschen nur durch schwere Leidensperioden.

Ist denn dein Arm dem Arme Gottes gleich?
Hast du wie er des Donners Stimme?
Schmücke dich doch mit Majestät und Hoheit,
Umkleide dich mit Herrlichkeit und Pracht!
Hiob 40,4–5

Da antwortete Hiob dem Herrn und sprach:
Ich habe erkannt, daß du alles vermagst;
nichts, was du sinnst, ist dir verwehrt.
Wer ist's, der da verhüllt ohne Einsicht den Ratschluß?
Darum habe ich geredet in Unverstand,
Dinge, die zu wunderbar für mich, die ich nicht begriff.
Höre doch, und ich will reden;
ich will dich fragen, und du lehre mich!

Vom Hörensagen hatte ich von dir gehört;
nun aber hat dich mein Auge gesehen.
Darum widerrufe ich und bereue
in Staub und in Asche.
Hiob 42, 1–6

Dann erst ist der Mensch so beschaffen, daß ihm Gott volles Glück senden kann.

16. SEPTEMBER

Der rechte innere Fortschritt hat immer drei Stadien. Das erste ist Enthusiasmus, flammendes Feuer wie aus dürrem Reisig, das gewaltig knistert und prasselt und zu hoher Lohe emporschlägt. Das zweite ist ein gewisses Erlöschen und Erkalten des hellsten Brennens, das oft gar nicht daran glauben läßt, daß das derselbe Mensch ist, der noch vor kurzem lauter Feuer und Flamme war. Das dritte gleicht der stillen, aber konstanten und eine sichere Wärme verbreitenden Glut eines immerfort brennenden Kohlenfeuers, in dem kein Schwanken und kein Wechsel mehr ist und dessen wohltuende Wirkungen jedermann klar sind.
Wenn der menschliche Geist in einer großen Sache in dieses letzte Stadium gelangt ist, gewinnt er die tätige Ruhe, die nach innen Frieden und nach außen Macht heißt.

17. SEPTEMBER

Vor dem unendlich traurigen, die eigene Seele schwer beschädigenden Gefühl der Menschenverachtung rettet kluge Leute nur das Erbarmen. Das ist aber ein sechster Sinn, der im letzten – nicht bloß als schwächliches Mitleidsgefühl, das wenig kostet und dem anderen wenig hilft – nur durch schwere Leiden entsteht. Es gibt freilich auch Menschen, die durch die eigenen

Leiden bloß härter und gefühlloser für andere werden, die nach ihrer Meinung ebensoviel leiden sollten.
Man muß sich ernstlich vorsetzen, alle Geschöpfe möglichst wenig zu plagen, wo immer man es vermeiden kann; das ist mehr wert als all unsere Wohltätigkeit.

18. SEPTEMBER

Das bloß „geistige" Leben, von dem sinnlichen ganz getrennt, ist eine furchtbare Sache, die in den Menschen leicht ein Gefühl der Leere, Kälte und Härte gegen andere erzeugt. Dadurch entstehen die kalten geistlichen Tyrannen und Werkzeuge der Glaubensverfolgung, die bei aller persönlichen Unantastbarkeit schon soviel Unheil angerichtet haben.
Ich habe zu meinem Glück stets einen Widerwillen nicht bloß gegen sie, sondern gegen die bloß theoretischen Philosophen und Theologen überhaupt gehabt, die mit Vorliebe Fragen erörtern, die dem Menschen wenig nützen und ihn weder beruhigen noch vorwärtsbringen können. Ich möchte am Ende meines Lebens nicht meine Zeit mit dem verloren haben, was bei manchen berühmtesten Menschen den Hauptbestandteil ihres Tuns ausgemacht hat.

19. SEPTEMBER

Alle sogenannte Menschenliebe ist ohne die Wurzel einer starken Liebe zu Gott eine Illusion und ein Selbstbetrug. Denn entweder liebt man in diesem Fall bloß die Liebenswürdigsten oder die, von denen man selbst geliebt wird. Man ist stets merkwürdig rasch entschlossen, die Liebe zu vermindern oder sogar ganz aufzugeben, sobald diese Vorbedingungen in Wegfall zu geraten scheinen. Oder Menschenliebe ist überhaupt nur ein schöneres Wort für ein ziemlich kühles allgemeines Wohlwollen, eigentlich mehr ein zahmes Verhalten, wie es sogar gesättigte Raubtiere gegen ihre Umgebung haben.

Bei dieser Menschenliebe können jährlich Millionen geistig oder leiblich verhungern, ohne daß man sich darum stark bekümmert oder die geringste Entbehrung auferlegt.

20. SEPTEMBER

„Es gibt ein Glück; allein wir kennen's nicht;
Wir kennen's wohl und wissen's nicht zu schätzen."
Das ist ein wahres Wort; aber die das allumfassende Glück noch nicht selbst empfunden haben, können es sich nicht vorstellen, sondern halten es für einen Mythos oder ein überspanntes Gerede.

21. SEPTEMBER

Viele Leute und oft nicht einmal die begabtesten meinen, sie müßten über alles, was sie erleben, sofort ein Urteil abgeben: über jeden Menschen zum Beispiel, den sie zum erstenmal gesehen; über jedes Buch, in dem sie einige Seiten angeblättert haben. Sie irren sich dann natürlich oft in ihrem Urteil und müssen es nachträglich korrigieren, oder sie versteifen sich darin, zum großen Schaden ihres Charakters und oft auch anderer, was noch schlimmer ist. Wenn du diese Gewohnheit hast und nicht von Beruf Zeitungskorrespondent bist, so laß sie fahren.

22. SEPTEMBER

Vertrauen auf Menschen und auf Gott geht erfahrungsgemäß nicht zusammen; sondern eins schließt das andere aus. Sicherer ist das letztere, wenn immer genug Glaube dafür vorhanden ist. Die Leiden und Sorgen werden dabei zwar nicht aufgehoben; das würde den meisten unter uns auch schwerlich

gut tun. Aber schon vorher wird es erträglich und in seinen Folgen hilfreich. Darauf kann man sich verlassen.
Das will der Mensch aber nicht; sondern er möchte eine ganz gesicherte und stets genußreiche Existenz ohne Abhängigkeit von einem höheren Willen, ohne jede Verpflichtung zu einer dementsprechenden Lebensweise haben. Das sucht er, solange es eine menschliche Geschichte gibt, auf allen nur möglichen Wegen und hat es, selbst für einen kleinen Bruchteil der Menschheit, noch niemals gefunden, geschweige den für alle. Die Hilfe für alle liegt ganz auf dem andern Wege.

Zion sprach: „Verlassen hat mich Gott, der Herr hat meiner vergessen." Wird auch ein Weib ihres Kindleins vergessen, daß sie sich nicht erbarmte über den Sohn ihres Leibes? Und ob sie gleich seiner vergäße, so will ich doch dein nicht vergessen. Siehe, auf meine Hände habe ich dich gezeichnet; deine Mauern habe ich immerdar vor Augen. Deine Erbauer eilen herbei – da ziehen aus von dir deine Zerstörer und Verwüster. Erhebe deine Augen ringsumher und sieh: sie alle versammeln sich, kommen zu dir, so wahr ich lebe, spricht der Herr; du wirst sie alle wie einen Schmuck anlegen, wirst dich mit ihnen gürten wie eine Braut.
Denn deine Trümmer und Wüsteneien und dein verheertes Land – ja, nun wird es zu eng sein für die Bewohner, und deine Verderber werden ferne sein. Es werden dereinst noch zu dir sprechen die Kinder, die dir, der Kinderlosen, geboren werden: Der Platz ist mir zu eng; schaffe mir Raum, daß ich wohnen kann. Da wirst du bei dir denken: Wer hat mir diese geboren? Ich bin ja der Kinder beraubt und unfruchtbar. Und diese, wer hat sie großgezogen? Siehe, ich war allein noch übrig; wo waren denn diese? So spricht Gott der Herr: Siehe, ich winke mit der Hand den Heiden und stecke mein Panier auf für die Völker, und sie werden deine Söhne auf den Armen bringen und deine Töchter auf den Achseln herzutragen. Könige werden deine Wärter sein, und Fürstinnen deine Ammen; sie werden mit dem Angesicht vor dir zur Erde fallen und den Staub deiner Füße lecken. Da wirst du erkennen, daß ich der Herr bin, daß nicht zuschanden werden, die meiner harren. Kann man einem Starken den Raub entreißen, oder entrinnen die Gefangenen eines Gewaltigen? So spricht der Herr: Wohl werden Gefangene dem Starken entrissen, und der Raub des Gewaltigen entrinnt: mit deinem Gegner streite ich, und deine Kinder errette ich. Ich lasse deine Peiniger ihr (eignes) Fleisch verzehren, an ihrem Blute sich berauschen wie an Wein, damit alle Welt erkenne, daß ich, der Herr, dein Helfer bin, und dein Erlöser der Starke Jakobs. Jesaja 49, 14–26

Gott der Herr hat mir das Ohr aufgetan, ich aber habe nicht widerstrebt, bin nicht zurückgewichen; den Rücken bot ich denen, die mich schlugen, und die Wangen denen, die mich rauften; mein Angesicht verhüllte ich nicht, wenn sie mich schmähten und anspieen. Aber Gott der Herr steht mir bei; darum bin ich nicht zuschanden geworden. Darum machte ich mein Angesicht kieselhart und wußte, daß ich nicht beschämt würde. Er, der mir Recht schafft, ist nahe; wer will mit mir hadern? Lasset uns zusammen hintreten! Wer will mit mir rechten? Er komme heran! Siehe, Gott der Herr steht mir bei; wer will mich verdammen? Siehe, sie alle zerfallen wie ein Gewand, die Motten werden sie fressen. Wer unter euch den Herrn fürchtet, der höre die Stimme seines Knechtes; wer in der Finsternis wandelt, daß ihm kein Lichtstrahl glänzt, der vertraue auf den Namen des Herrn und stütze sich auf seinen Gott! Siehe, ihr alle, die ihr Feuer anzündet und Brandpfeile entflammt, geht hin in die Flamme eures Feuers und in die Brandpfeile, die ihr entzündet habt! Solches widerfährt euch von meiner Hand; am Ort der Qual sollt ihr liegen. Jesaja 50, 5–11

Auf, ihr Dürstenden alle, kommet zum Wasser; und die ihr kein Brot habt, kommet! Kaufet Korn ohne Geld und esset, ohne Kaufpreis Wein und Milch! Warum wägt ihr Geld dar für das, was nicht nährt, und euren Verdienst für das, was nicht sättigt? Hört doch auf mich, so bekommt ihr Gutes zu essen, und eure Seele labt sich an Fettem. Neigt euer Ohr und kommet zu mir! höret, so wird eure Seele leben; ich will einen ewigen Bund mit euch schließen, getreu der dem David verheißenen Gnade. Wie ich ihn für Völker zum Zeugen gemacht, zum Fürsten und Gebieter von Nationen, so wirst du Völker rufen, die du nicht kennst, und Heiden, die dich nicht kannten, werden zu dir hereilen um des Herrn, deines Gottes, um des Heiligen Israels willen, weil er dich verherrlicht. Suchet den Herrn, jetzt da er sich finden läßt; rufet ihn an, jetzt da er nahe ist! Der Gottlose lasse seinen Weg und der Frevler seine Gedanken und kehre um zum Herrn, so wird er sich seiner erbarmen, zu unsrem Gott, denn er ist reich an Vergebung. Denn meine Gedanken sind nicht eure Gedanken, und eure Wege sind nicht meine Wege, spricht der Herr, sondern so hoch der Himmel über der Erde ist, soviel sind meine Wege höher als eure Wege und meine Gedanken höher als eure Gedanken. Denn wie der Regen und der Schnee vom Himmel herabkommt und nicht dahin zurückkehrt, sondern die Erde tränkt, daß sie fruchtbar wird und sproßt und dem Säemann Samen und dem Essenden Brot gibt, so auch mein Wort, das aus meinem Munde kommt: es kehrt nicht leer zu mir zurück, sondern wirkt, was ich beschlossen, und führt durch, wozu ich es gesendet. Denn in Freuden werdet ihr ausziehen, und in Frieden sollt ihr geleitet werden; die Berge und Hügel werden vor euch in Jubel ausbrechen und alle Bäume des Feldes in die Hände klatschen. Jesaja 55, 1–2

Wenn du mich demütigest, machst du mich groß.
2. Samuel 22, 36

Dieses Wort ist nicht bloß eine allgemeine Redensart, sondern eine ganz richtige Lebenserfahrung. Selten fängt etwas wahrhaft Gutes und Großes anders als klein an, und meistens geht noch überdies eine gewisse Herabsetzung und Demütigung ihm voran, so daß man daraus manchmal so sicher auf Gelingen schließen kann wie vom Frühlingssturm auf den kommenden Frühling. Wenn du die Demütigung gern annehmen kannst, weil du Gottes Hand darin erblickst, der beabsichtigt, dir nachher um so mehr Gutes zu tun, dann hast du einen großen Schritt vorwärts getan.

Du schaust auf das Land und schenkst ihm Überfluß,
du machst es gar reich.
Mit dem Gottesquell, der Wasser die Fülle hat,
bereitest du ihr Korn;
ja, du bereitest es zu:
du wässerst seine Furchen und ebnest seine Schollen;
du machst es weich durch Regenschauer
und segnest sein Gewächs.
Du krönst das Jahr mit deiner Güte,
und deine Spuren triefen von Fett.
Psalm 65, 10–12

Du bist emporgestiegen zur Höhe,
hast Gefangene weggeführt.
Du hast Gaben empfangen unter den Menschen;
auch die widerstrebten,
werden nun wohnen bei Gott, dem Herrn.
Gelobt sei der Herr Tag für Tag!
Uns trägt der Gott, der unsre Hilfe ist.
Psalm 68, 19–20

Ehe ich gebeugt ward, irrte ich;
nun aber halte ich dein Wort.
Es ist mir gut, daß ich gebeugt ward,
auf daß ich deine Satzungen lerne.
Ich weiß, o Herr, daß deine Ordnungen gerecht sind,
und in Treuen hast du mich gebeugt.
Psalm 119, 67.71.75

24. SEPTEMBER

Der sicherste, immer gegenwärtige Glaube ist auf die geschehene Geschichte gerichtet. Es gibt wohl Zeiten, wo Gott dem Gemüt so nahe ist, daß man ihn deutlich empfindet, oder wo persönliche Erfahrungen uns alles Zweifels überheben. Aber in andern Augenblicken muß uns die Weltgeschichte beruhigen, und darin ganz besonders das Schicksal des Volkes Israel, das noch heute ein Volk ist, weil Gott es nicht aufgibt, während die alten Griechen und Römer längst verschwunden sind. Auch an Christus kann man nur historisch recht glauben. Sobald man anfängt, an Gottes Gerechtigkeit oder Güte zu verzweifeln, wird man sehr bald auch an seiner Existenz zweifeln; denn ein ungerechter und nicht guter Gott ist ein einem aufrichtigen Menschen unerträglicher und verwerflich erscheinender Götze.

25. SEPTEMBER

Die kräftigste Lebensweisheit besteht aus einer richtigen Mischung von Tapferkeit und Ergebung in den Willen Gottes. Wo eines oder das andere nicht gehörig vertreten ist, geht's nicht gut.

26. SEPTEMBER

Undank ist schwer zu ertragen. Indessen beweist er doch immer, daß man sich in der vorteilhafteren Situation befindet, und man sollte daher Geduld mit den Undankbaren haben, die Dankbaren aber um so höher schätzen. Vorwerfen muß man Undank nie und niemandem. Die besseren Menschen machen sich diesen Vorwurf selbst, und den schlechteren macht er keinen Eindruck; sie fühlen sich im Gegenteil wie entlastet durch das scheinbare Zugeständnis, daß man Dank erwartet, ihnen also Gutes nur gleichsam vorschußweise, in der Hoffnung auf reichliche Anerkennung und Vergeltung, erwiesen habe. Es ist in ihren Augen dann bloß eine verfehlte Spekulation gewesen, bei der sie die Klügeren waren.

27. SEPTEMBER

Sieh einmal im Leben ganz genau, wie es im Innersten eines Sünders, dem keine Gnade zuteil wird, aussieht; dann wirst du nicht mehr Haß, sondern tiefes Mitleid mit ihm empfinden. Solange man sich noch über etwas erzürnt, ist man seiner nicht Meister geworden.
Allem Bösen gegenüber ist ruhiger Widerstand das Siegreichste.

28. SEPTEMBER

Der Himmel ist schon auf Erden in seinen wesentlichen Bestandteilen zu haben, und es ist wahr, was das Herrnhuterlied sagt: „Wer die Gnade kennt und weiß, der hat schon den Siegespreis."
Um so unverantwortlicher gegen sich selbst, wer ihn freiwillig wieder aufgibt. Das meint der Brief an die Hebräer mit der Sünde ohne Vergebung:

Denn wenn wir vorsätzlich sündigen, nachdem wir die Erkenntnis der Wahrheit erlangt haben, so bleibt für (solche) Sünden kein Opfer mehr übrig, sondern (nur) eine schreckliche Erwartung des Gerichts und ein Eifer des Feuers, das die Widerspenstigen verzehren wird. Wenn jemand das Gesetz Moses gebrochen hat, stirbt er ohne Erbarmen „auf (Aussage von) zwei oder drei Zeugen hin". Wieviel schlimmerer Strafe, meint ihr, wird der wertgeachtet werden, der den Sohn Gottes mit Füßen getreten und das Blut des Bundes, durch das er geheiligt worden ist, für gemein geachtet und gegen den Geist der Gnade gefrevelt hat? Denn wir kennen den, der gesagt hat:
„Mir gehört die Rache, ich will vergelten",
und wiederum:
„Der Herr wird sein Volk richten."
Schrecklich ist es, in die Hände des lebendigen Gottes zu fallen.
Hebräerbrief 10,26–31

29. SEPTEMBER

Daß einige Pharisäer und Schriftgelehrte sich gegen ihn aussprechen, muß jeder aufrichtige Jünger Christi erfahren; sonst ist er es noch nicht.
Man findet oft im Leben Gelegenheit, die tröstliche Bemerkung zu machen, daß die Menschen in ihren Handlungen gegen und für uns keineswegs frei, sondern nur die Werkzeuge Gottes sind, durch die er auf uns wirken will. Man nimmt daher meistens Freunde und Feinde viel zu wichtig.

30. SEPTEMBER

Überall für die Wahrheit mit Liebe einzustehen, ist eigentlich das Problem unseres tätigen und täglichen Lebens.
Es ist zwar richtig, daß stets das Stärkste in der Welt zuletzt auf dem Plan bleibt; aber das ist nicht die überschätzte menschliche Kraft, sondern die göttliche Weltordnung, die auch dem Schwachen beisteht, der sich an sie hält. Das wird sich auch heute noch immer als zuverlässig erweisen.

Es spricht der Herr zu meinem Herrn:
„Setze dich zu meiner Rechten,
bis daß ich hinlege deine Feinde
als Schemel für deine Füße."
Psalm 110,1

Am Ende jener Tage (d. h. der sieben Zeiten) aber erhob ich, Nebukadnezar, meine Augen zum Himmel, und mein Verstand kam mir wieder. Da dankte ich dem Höchsten und lobte und pries den Ewigen: Seine Herrschaft ist eine ewige Herrschaft, und sein Königtum währt von Geschlecht zu Geschlecht. Alle Erdenbewohner sind wie nichts geachtet, nach seinem Belieben verfährt er mit dem Himmelsheer, und niemand ist, der seiner Hand wehren und zu ihm sagen dürfte: Was tust du da? Zu derselben Zeit kam mir mein Verstand wieder, und zum Ruhme meiner Herrschaft kehrte auch meine Majestät und mein Glanz wieder. Meine Räte und Großen suchten mich auf, ich wurde wieder über mein Reich gesetzt, und noch größere Macht ward mir gegeben. Nun lobe und erhebe und preise ich, Nebukadnezar, den König des Himmels: All sein Tun ist Wahrheit, und sein

Walten ist gerecht, und die da hochmütig wandeln, die vermag er zu demütigen. Daniel 4,31–43

Denn er, er sprach, und es geschah;
er gebot, und es stand da.
Der Herr vereitelt den Ratschlag der Nationen
und macht zunichte die Pläne der Völker.
Der Ratschluß des Herrn bleibt ewig bestehen,
seines Herzens Gedanken für und für.
Heil dem Volk, dessen Gott der Herr ist,
der Nation, die er sich zu eigen erwählt hat!
Vom Himmel herab schaut der Herr,
sieht alle die Menschenkinder.
Von der Stätte, da er thront, blickt er auf alle,
die auf Erden wohnen,
er, der aller Herzen gebildet,
der achthat auf alle ihre Werke.
Dem König hilft nicht seine große Macht,
der Held rettet sich nicht durch seine große Stärke.
Trügerische Hilfe ist das Roß,
mit seiner großen Kraft errettet es nicht.
Doch das Auge des Herrn
ruht auf denen, die ihn fürchten,
auf denen, die seiner Güte harren.
Psalm 33,9–18

Daher habe ich Wohlgefallen an Schwachheiten, an Mißhandlungen, an Nöten, an Verfolgungen und Ängsten um Christi willen; denn wenn ich schwach bin, dann bin ich stark. 2. Korintherbrief 12,10

Wir predigen Christus, den gekreuzigten, für Juden ein Ärgernis, für Heiden aber eine Torheit, für die Berufenen selbst aber, sowohl Juden als Griechen, Christus als Gottes Kraft und Gottes Weisheit. Denn das Törichte von seiten Gottes ist weiser als die Menschen und das Schwache von seiten Gottes stärker als die Menschen. Sehet doch nur eure Berufung an, ihr Brüder: Nicht viele Weise nach dem Fleische, nicht viele Mächtige, nicht viele Leute von vornehmer Geburt (sind berufen), sondern was vor der Welt töricht ist, hat Gott erwählt, damit er die Weisen zuschanden mache, und was vor der Welt schwach ist, hat Gott erwählt, damit er das Starke zuschanden mache, und was vor der Welt niedriggeboren und was verachtet ist, hat Gott erwählt, das, was nichts gilt, damit er das, was gilt, zunichte mache. 1. Korintherbrief 1,23–29

Oktober

1. OKTOBER

Es gibt keinen besseren Beweis für die Wahrheit des Christentums als den Erfahrungsbeweis, daß es den Durst jedes Menschen nach Wahrheit und voller Ruhe zu stillen imstande ist. Das ist seine dauernde Bedeutung in der Welt.

2. OKTOBER

Ich werde nicht mehr vieles mit euch reden; denn es kommt der Fürst der Welt. Und an mir findet er nichts. Johannes 14,30

Der „Fürst dieser Welt" muß zuletzt nichts mehr von seinem Geist in uns finden, wenn er uns prüfen will. Namentlich weder Zorn noch Ehrgeiz, noch Habsucht oder Geiz, noch Sinnlichkeit, noch Ruhmredigkeit oder Gehässigkeit. Sondern von dem allem müssen wir unserem Willen nach vollständig frei geworden sein und uns auch tatsächlich davon freihalten, oder wenn immer wir in eines oder das andere aus alter Gewohnheit oder Unaufmerksamkeit gefallen sind, uns rasch und entschlossen wieder davon abwenden.
Dann sind wir Menschen geworden, wie Gott sie haben will. Wir haben seine volle Gnade und die Versicherung eines kommenden, noch freieren und glücklicheren Lebens.

3. OKTOBER

Zartbesaiteten Leuten darf man über irgendeinen Mangel in ihrem Glauben oder Leben keine direkten Vorwürfe machen. Sie empfinden sie zu stark, gleichviel, ob sie berechtigt oder unberechtigt sind.
Man muß sie nur darauf aufmerksam zu machen suchen, daß sie sich auf einem Nebenweg mehr oder weniger gefährlicher Art befinden – was oft sogar am besten durch anhaltendes Schweigen geschieht.

Sie sagen sich dann selber die Wahrheit weit besser, gerechter und empfindlicher, als man es selbst tun könnte, und sind noch überdies dankbar für die vertrauende Geduld, das Verständnis und die Rücksicht, mit der man sie in schwerer Anfechtungszeit behandelt hat. Meinen sie dagegen, daß man Vertrauen und Achtung für sie verloren habe, geben sie beides leicht selber auf, womit ein unnennbarer Schaden geschieht. Das verstehen viele Eltern und Erzieher nicht hinreichend und stehen nachher betrübt vor den Ruinen eines Lebens, das sich manchmal nicht wiederaufbauen läßt oder nur mit noch viel mehr Geduld und Nachsicht, als sie vorher erforderlich gewesen wären.

4. OKTOBER

In schwierigen Angelegenheiten muß man erstens: seinen Verstand brauchen und sich Mühe geben, das Rechte zu finden, zweitens: von der Möglichkeit Gebrauch machen, nach vollkommener Weisheit zu fragen, wenn man nämlich an eine solche Möglichkeit glaubt. Dann aber muß man darauf sehen, daß keine Eigenliebe, Eitelkeit, Ehrgeiz, Eigennutz, Eigensinn und was es sonst noch für liebliche Eigenschaften des „alten Adam" gibt, irgendwie mitsprechen dürfen, und endlich muß keine Art von Unwahrheit dabei sein, woraus nichts Gutes entstehen kann. Unter diesen Voraussetzungen sind alle Schwierigkeiten überwindlich – in Sachen, die einem aufgetragen oder auferlegt sind, nicht in selbstgewählten. Aber auch aus diesen kann man damit ohne großen Schaden herauskommen.

Die Füße seiner Frommen behütet er,
aber die Gottlosen werden zunichte in Dunkel;
denn der Mensch vermag nichts aus eigener Kraft.

1. Samuel 2,9

5. OKTOBER

Wie der Sonntag am schönsten ist nach einer Woche voll großer Arbeitslast, so ist Glück nach Leiden am erquickendsten und am wenigsten gefährlich.
Wenn man die Eigenliebe endgültig los ist und sie vielmehr fortan wie den leibhaften Teufel haßt, so oft sie sich noch zeigen will, dann ist man der Gnade Gottes gewiß; denn das ist sein Werk in uns und kann ohne seine lebendige Gegenwart nimmermehr zustande kommen.

6. OKTOBER

Das Leben hält man nur aus, entweder indem man mit den Wölfen heult und sich mit ihnen um ein Stück Anteil an dem vorhandenen, aber meistens nicht für alle ganz ausreichenden Lebensgenuß resolut herumbeißt. Das ist das Leben, wie es gewöhnlich ist, der „Kampf ums Dasein", oder mittelst einer Hinwendung zu Gott, die diesen ganzen Kampf entbehrlich macht und neben der auch keinerlei Trübsinn oder Mutlosigkeit im Herzen bestehen bleiben kann.
Was dazwischen liegt, liefert immer ein sehr mangelhaftes Resultat, und das beständige Klagen darüber, welches das tägliche Brot so vieler Leute ist, ist das Dümmste von allem, weil man es ändern kann. In einem unaufhörlichen Kampf sowohl mit Gott als gleichzeitig mit der Welt zu stehen, reibt fiel zu früh auf. Dennoch ist es das Leben desjenigen Teils der Menschheit, der weder ganz schlecht noch entschieden und energisch gut sein will.
Entschließ dich wenigstens rasch und unwiderruflich, zu denen auf keinen Fall zu gehören.

Der Geist Gottes des Herrn ruht auf mir, dieweil mich der Herr gesalbt hat; er hat mich gesandt, den Elenden frohe Botschaft zu bringen, zu heilen, die gebrochenen Herzens sind, den Gefangenen Befreiung zu verkünden und den Gebundenen Lösung der Bande, auszurufen ein Gnadenjahr des Herrn und einen Tag der Rache unsres Gottes, da alle Trauernden getröstet wer-

den, da ihnen ein Kopfschmuck gegeben wird statt der Asche, Freudenöl anstatt der Trauerhülle, Lobgesang statt verzagenden Geistes, da man sie nennt „Terebinthen der Gerechtigkeit", „Pflanzung des Herrn" ihm zur Verherrlichung.
Laut will ich mich freuen des Herrn, meine Seele frohlocke ob meinem Gott; denn er kleidet mich mit Gewändern des Heils und umhüllt mich mit dem Mantel der Gerechtigkeit, gleich dem Bräutigam, der sich den Kopfschmuck aufsetzt, und wie die Braut, die ihr Geschmeide anlegt.
Jesaja 61, 1–3.10

Darum werfet eure Zuversicht nicht weg, die eine große Belohnung hat! Denn Ausdauer habt ihr nötig, damit ihr den Willen Gottes tun und (so) die Verheißung erlangen mögt. Denn noch „eine ganz, ganz kurze Zeit", „so wird der, welcher kommen soll, kommen und nicht verziehen. Mein Gerechter aber wird aus Glauben leben; und wenn er feig zurückweicht, hat meine Seele kein Gefallen an ihm".
Wir aber sind nicht solche, die feig zurückweichen, um (so) zugrunde zu gehen, sondern solche, die glauben, um (so) das (ewige) Leben zu gewinnen. Hebräerbrief 10, 35–39

Wer überwindet, den will ich zu einem Pfeiler im Tempel meines Gottes machen, und er wird nicht mehr hinauskommen; und ich will auf ihn den Namen meines Gottes und den Namen der Stadt meines Gottes, des neuen Jerusalem, schreiben, das aus dem Himmel von meinem Gott herabkommt, und meinen neuen Namen.
Ich weiß deine Werke, daß du weder kalt noch warm bist. O daß du kalt oder warm wärest! Offenbarung 3, 12.15

Wer überwindet, wird dies ererben,
„und ich werde sein Gott sein, und er wird mein Sohn sein".
Den Feiglingen aber und den Ungläubigen und Befleckten und Mördern und Unzüchtigen und Zauberern und Götzendienern und allen Lügnern ist ihr Teil in dem See, der von Feuer und Schwefel brennt, und dies ist der zweite Tod. Offenbarung 21, 7–8

7. OKTOBER

Man muß vor allen Dingen im Leben wissen, was man eigentlich erreichen will, und wenn das endlich der Fall ist – wozu man gewöhnlich schon mehr als das halbe Leben braucht –, zu dem Zweck auch die Mittel wollen.

Wenn also man zum Beispiel ein Gott ergebener und wohlgefälliger Mensch sein will, was die Übersetzung des Wortes „Christ" in das Gemeinverständliche ist, dann muß man auch die Leiden wollen und den ständigen ruhigen Genuß, nach dem der natürliche Sinn des Menschen strebt, nicht. Im Übermaß kommen diese Leiden nie.

8. OKTOBER

Ich habe mir nie absichtlich wahrsagen lassen, sondern stets einen Widerwillen gegen solch geheimnisvolles Wesen gehabt. Dagegen ist mir wiederholt ohne mein Zutun, immer aber von Personen, die bald darauf starben, in wichtigen Zeitpunkten meines Lebens eine bevorstehende Veränderung angekündigt worden. Jedesmal war es aber auch bei diesen ein plötzlicher, in keiner Weise beabsichtigter Blick in die Zukunft, der in ihnen wie zufällig Ausdruck fand. Eine solche Wahrsagung ist also möglich.

9. OKTOBER

Die Menschen werden von dem Weg zum Glauben nicht abgeschreckt durch die eigentlichen Zeugnisse des Christentums, die sie meistens gar nicht einmal aus erster Quelle genau kennen, auch nicht durch seinen Ernst. Es gibt Leute genug, die auch Schweres zu tun bereit wären, wenn sie damit eine feste Überzeugung trostvoller Art, den ihnen mangelnden Frieden der Seele oder gar die Gesundheit erkaufen könnten. Nein, was ihnen widersteht, sind die menschlichen Träger dieser Religion, vorab die Geistlichkeit aller Konfessionen, an der sie dies und jenes auszusetzen wissen: die dürre Dogmatik, von der sie vielleicht aus ihren Jugendjahren eine trostlose Erinnerung haben, die christliche Politik, die ihnen nicht besser erscheint als die weltliche, eine Sprache Kanaans, die in ihren Ohren veraltet und unangenehm klingt.

Überlege dir aber einmal, wenn du selbst etwa in dieser Weise denkst, ob das hinreichende Gründe sind, um eine gute Sache zu verwerfen, und ob du nicht auch ohne alle Formen, die er gar nicht verlangt, direkt zu Christus gelangen könntest, wie man ja auch zu einem jetzt lebenden Menschen gelangen kann, ohne gerade in alle seine Familienverhältnisse usw. einzutreten, ja noch viel leichter. Laß zunächst alles beiseite, was „drum und dran hängt"; halte dich auch sogar, wenn das dir etwa noch Bedenken macht, an keine der verfaßten Kirchen; aber sprich einmal aus vollem Verlangen des Herzens: „Herr, hilf mir." Das hat schon vielen geholfen und ist namentlich bei seelischen Erkrankungen das einzig gründliche Hilfsmittel, wenn es rechtzeitig ergriffen wird, bevor das Übel zu weit gediehen ist, so daß gar keine Willenskraft und Einsicht mehr besteht.

Kommet her zu mir alle, die ihr mühselig und beladen seid, so will ich euch Ruhe geben. Nehmet mein Joch auf euch und lernet von mir, denn ich bin sanftmütig und von Herzen demütig; so „werdet ihr Ruhe finden für eure Seelen". Denn mein Joch ist sanft und meine Last ist leicht.

Matthäus 11,28–30

Ein geknicktes Rohr wird er nicht zerbrechen und einen glimmenden Docht wird er nicht auslöschen, bis er das Recht zum Sieg hinausführt. Und wer ein Wort wider den Sohn des Menschen redet, dem wird vergeben werden; wer aber eins wider den heiligen Geist redet, dem wird nicht vergeben werden weder in dieser noch in der zukünftigen Welt.

Matthäus 12,20.32

10. OKTOBER

Tue weit deinen Mund auf, so will ich ihn füllen. Psalm 81,11c

Wenn ein Mensch Gott seinen Willen ganz geschenkt hat, die einzige Gabe, die er ihm geben kann und auf die allein Gott Wert legt, gibt Gott, so vermesssen das klingt, diesem Menschen auch seinen Willen zu eigen, indem er ihm fortan alle seine Bitten – die er aber auch selbst lenkt – gewährt. Nun darf

er nur noch bitten und nehmen, und Gott selbst fordert ihn dazu auf.
Denn Gott ist, soweit wir überhaupt etwas von ihm wissen, unendlich liebevoll, sein Verlangen geht dahin, dem Menschen viel, ja alles zu sein, und ihm schon hier auf der Erde soviel schenken zu können, wie es überhaupt möglich ist, ohne seiner schwachen Natur zu schaden, die nur ziemlich wenig Glück auf einmal gut vertragen kann.

11. OKTOBER

Das Christentum muß selber etwas durchaus Gesundes bleiben, um all das Ungesunde und Krankhafte überwinden zu können, das sich beständig, teils Heilung suchend, teils überwuchernd an es herandrängt.
Das wird auch der Grund gewesen sein, weshalb sich Christus oft von seinen Jüngern trennen und einsam auf einem Berg neue Stärkung suchen mußte.
Um so verkehrter sind förmliche „Gebetsheilanstalten", in denen beständig eine Masse von namentlich geistiger Ungesundheit sich zusammendrängt. Das hält kein Mensch auf die Dauer aus.

12. OKTOBER

Wenn man einmal ganz in das Reich der Liebe eingetreten ist, wird die Welt, so mangelhaft sie ist, dennoch schön und reich; denn sie besteht aus lauter Gelegenheiten zur Liebe.

13. OKTOBER

Die Legitimation zum Regieren besteht nach Gottes Ordnung darin, daß der Herrscher gar nicht mehr an sich selbst denkt, sondern bloß der Diener aller ist. Jede andere Legitimität ist ein Irrtum, und danach sind alle Regierenden zu beurteilen.

14. OKTOBER

Für wirkliche Leiden und Schmerzen ist Gott immer zu haben, für bloß eingebildete oder übertriebene weniger. Man muß soviel aushalten, wie man kann.

15. OKTOBER

Auch der festeste Glaube muß von Zeit zu Zeit immer wieder neu geprüft, gleichsam aufgerüttelt werden; sonst degeneriert er leicht. Er wird entweder ein bloßes kirchliches Gemeinschaftsgefühl, wobei oft ein halb Blinder einen halb Lahmen leitet, oder eine abstrakte Betrachtungsweise. Das endet dann in einer Weisheit, die „Schweigen und Versinken in das All" als das höchste menschliche Lebensziel erklärt.

16. OKTOBER

Es ist bei der anhaltenden menschlichen Schwachheit nur gut, daß man gelegentlich einmal wieder etwa einen Tag lang den Unterschied zwischen einem Leben mit Glauben und einem solchen nach der gewöhnlichen Weise in sich selber, nicht bloß bei anderen, praktisch erfährt und den Wert des ersten neu schätzen lernt. Ohne diese beständigen Proben kommt keine feste Überzeugung zustande.

Wir wünschen aber, daß jeder von euch denselben Eifer um die volle Gewißheit der Hoffnung bis ans Ende beweisen möge, damit ihr nicht stumpf werdet, vielmehr das Beispiel derer nachahmt, die durch Glauben und geduldiges Ausharren die Verheißungen ererben. Hebräerbrief 6, 11–12

Denn achtet nur auf den, der einen solchen Widerspruch von den Sündern gegen sich erduldet hat, damit ihr nicht ermattet und in euren Seelen verzagt!
Ihr habt noch nicht bis aufs Blut widerstanden im Kampf wider die Sünde und habt den Zuspruch vergessen, der zu euch wie zu Söhnen redet:
„Mein Sohn, achte die Züchtigung des Herrn nicht gering und verzage nicht, wenn du von ihm gestraft wirst; denn wen der Herr liebhat, den züchtigt er, er geißelt aber jeden Sohn, den er annimmt."
Denn unser Gott ist ein verzehrendes Feuer. Hebräerbrief 12, 3–6.29

Fürchte nichts, was du leiden wirst! Siehe, der Teufel wird einige von euch ins Gefängnis bringen, damit ihr versucht werdet, und ihr werdet Trübsal haben zehn Tage lang. Sei getreu bis in den Tod, und ich will dir die Krone des Lebens geben! Offenbarung 2, 10

Und er sprach zu mir: Es ist geschehen. Ich bin das A und das O, der Anfang und das Ende. Ich will dem Dürstenden aus dem Quell des Wassers des Lebens geben umsonst. Wer überwindet, wird dies ererben,
„und ich werde sein Gott sein, und er wird mein Sohn sein".
Den Feiglingen aber und den Ungläubigen und Befleckten und Mördern und Unzüchtigen und Zauberern und Götzendienern und allen Lügnern ist ihr Teil in dem See, der von Feuer und Schwefel brennt, und dies ist der zweite Tod. Offenbarung 21, 6–8

17. OKTOBER

Die Wahrheit zu sagen ist nicht so leicht, wie manche davon begeisterte „Ethiker" es meinen.
Zunächst sieht man sie gar nicht, solange man noch in seinen Gedanken durch die Dinge dieser Welt stark beeinflußt ist. Daher lauteten die Worte Christi so ganz anders als die der damaligen Schriftgelehrten.

Denn er lehrte sie wie einer, der Gewalt hat, und nicht wie ihre Schriftgelehrten. Matthäus 7,29

Die Diener antworteten: Nie hat ein Mensch so geredet wie dieser Mensch redet. Johannes 7,46

Das hörende Ohr und das sehende Auge,
alle beide hat sie der Herr gemacht.
Sprüche 20,12

Es ist auch nicht leicht, selbst die Wahrheit, die man kennt, ganz korrekt und prägnant, ohne jede Übertreibung auszusprechen. Ein großer Teil aller Mißverständnisse und Streitigkeiten entsteht nur durch solche Mängel in der Formulierung an sich allgemein anerkannter Dinge. Auch aus diesem Grund sind die „Worte Gottes" anders als die gewöhnlichen Reden der Menschen; das sieht man am deutlichsten in den Predigten, wo das Wort der Bibel und das der Menschen unmittelbar nebeneinander stehen, und man wird es auch in diesem Buch sehen.

Alle Rede Gottes ist lauter.
Er ist ein Schild denen, die bei ihm sich bergen.
Tue nichts zu seinen Worten hinzu,
daß er dich nicht rüge und du als Lügner dastehst.
Sprüche 30,5–6

Die Reden des Herrn sind lautere Reden,
sind Silber, im Tiegel zu Boden geschmolzen,
siebenfach geläutert.
Psalm 12,7

Endlich spricht man meistens zu schnell und zu viel.

Siehst du einen, der hastig ist in seinem Reden –
ein Tor darf mehr hoffen als er.
Sprüche 29,20

Sei nicht vorschnell mit deinem Munde,
und dein Herz übereile sich nicht,
etwas vor Gott zu reden;
denn Gott ist im Himmel, und du bist auf Erden,

darum mache nicht viele Worte.
Denn wie Träume kommen bei viel Geschäften,
so törichtes Gerede bei viel Worten.
Prediger 5, 1–2

Ihr wißt es, meine geliebten Brüder. Es sei aber jeder Mensch schnell zum Hören, langsam zum Reden, langsam zum Zorn. Jakobusbrief 1, 19

18. OKTOBER

Wenn man von dem fröhlichen Jugendglauben an die eigene Kraft durch schmerzliche Erfahrungen abgekommen ist, gebietet es die natürliche Klugheit, diesen Mangel durch Verbindung mit dem Stärksten, was es in der Welt gibt, zu ersetzen. Zu fassen, daß das nicht Menschen, nicht Besitz oder Ehre, auch nicht dämonische Kräfte sind, sondern Gott und sein Gesandter an uns, und daran fortan bis ans Ende festzuhalten – das ist der Glaube, der unsere Gerechtigkeit ist. Eine andere haben wir nicht.

Darnach erging an Abram in einem Gesichte das Wort des Herrn: Fürchte dich nicht, Abram, ich bin dein Schild; dein wartet reicher Lohn. Abram glaubte dem Herrn, und das rechnete er ihm als Gerechtigkeit an.
1. Mose 15, 1.6

19. OKTOBER

Wenn man beten will, so muß man mit Danken für das anfangen, was man hat; das bringt das Herz in die richtige Stimmung; sodann den Willen übergeben und endlich um Glauben und Liebe für den heutigen Tag bitten. Dann erst müssen die Notwendigkeiten des Augenblicks folgen.
Nur wenn man den eigenen Willen übergibt, darf man auf eine Neigung des Willens Gottes zu unseren Bitten mit guter Zuversicht hoffen; sonst hilft man sich ja noch selber.

20. OKTOBER

Treue ist eigentlich die schönste und wichtigste Eigenschaft. Sie veredelt sogar ein Tier so sehr, daß es fast zu menschlicher Bedeutung und Würde emporsteigt. Wo sie gänzlich fehlt, ist der geistvollste und gebildetste Mensch nur eine gemeingefährliche Bestie.

21. OKTOBER

Ja, es ist viel Elend in der Welt. Aber auch viel starke Hilfe dagegen, wenn man sie am rechten Ort sucht, und am Ende eine völlige Erlösung davon, wenn man sie nicht ablehnt.

22. OKTOBER

Mit Recht sagt Cattarina von Genua, „der eigene böse Teil – das Ich – gefällt sich selbst, so oft er genannt wird", sogar wenn es tadelnd geschieht. Man muß sich gewöhnen, gar nicht mehr viel an sich zu denken und sich selbst in diesem Sinn wirklich gänzlich zu verlassen. Doch ist das nicht möglich, bevor man die tiefe Verderbtheit der menschlichen Natur durch Erfahrung erkannt und die tatsächliche Möglichkeit eines ganz anderen Seins auch durch einige Erfahrungen an sich selbst erlebt hat.
Das Geheimnis aller menschlichen Schicksale steht in den wenigen Worten, die die gleiche Heilige von Genua so ausdrückt: „Des Menschen Geist will lieben und in Liebe selig sein; dazu hat ihn auch der Schöpfer bestimmt. Da er diesen Trieb mit zeitlichen Dingen befriedigen zu können hofft, betrügt er sich selbst und verliert mit dieser Torheit die köstliche Zeit, die ihm geschenkt ist, statt Gott, das höchste Gut, zu suchen, in dem er die wahre Liebe und heilige Freude finden und ganz befriedigt sein würde." So ist es in der Tat! Aber das ist sehr

schwer zu glauben, und es gehören große Leidensperioden dazu, nach deren Verlauf erst der Mensch mit Hiob sagen kann:

Vom Hörensagen hatte ich von dir gehört;
nun aber hat dich mein Auge gesehen.
Hiob 42, 5

23. OKTOBER

Wenn man sich von der Freude am Besitz losmachen will, muß man das Liebste weggeben. Sofort verliert man die Anhänglichkeit an alles andere, eine Anhänglichkeit, die sich für manche Menschen bis zu einer wahren Sklaverei gegenüber ihren Gütern, Häusern, Kunstschätzen oder sonstigen Wertsachen steigern kann.

24. OKTOBER

Wenn man überhaupt an Gott glauben will, muß man auch fest an seine Gerechtigkeit und seine Güte glauben; denn ohne diese Eigenschaften könnte es für uns nur das größte Unglück sein. Wir müßten dann wünschen, daß er nicht wäre, die größte Lästerung, die denkbar ist. Und dennoch, so klar dies selbst dem Verstand ist, begehen wir eigentlich diese Sünde täglich, indem wir mit irgendeinem Teil unseres Schicksals unzufrieden sind.

Ach, Herr, siehe, du hast Himmel und Erde geschaffen durch deine große Kraft und deinen ausgestreckten Arm; für dich ist kein Ding unmöglich – der du Gnade übst an Tausenden und die Schuld der Väter ihren Kindern, die nach ihnen kommen, heimzahlst, du, der große und starke Gott, dessen Name ist „Herr der Heerscharen", groß an Rat und mächtig von Tat, dessen Augen offenstehen über allen Wegen der Menschenkinder, einem jeden zu geben nach seinem Wandel und nach seinem Verdienen. Jeremia 32, 17–19

25. OKTOBER

Zu Hiob. Zusammenfassung: Hiob kommt zunächst zur Ruhe, indem er zu dem Entschluß gelangt, an Gott als seinem Freund unter allen Umständen festzuhalten. Diesen Entschluß muß er aber noch ganz im Glauben fassen, bevor er Gott sieht; sonst könnte er von seinem Leiden noch nicht ohne Schaden befreit werden. Er muß sodann die Gerechtigkeit Gottes in der gesamten Weltregierung, gegen die Guten wie gegen die Frevler, nicht mehr bezweifeln, auch wenn er sie nicht sieht. Er muß zuletzt, ohne daß er über sein eigenes Leiden eine andere Erklärung bekommt als die, daß auch hierin ein Ratschluß Gottes vorliege, dieses Leiden innerlich als etwas Gutes annehmen, das von Gott kommt und jedenfalls zu seinem Heil gereicht. Nach dieser unbedingten Unterwerfung unter die Gerechtigkeit Gottes steht der vollen Gnadenerweisung Gottes gegen den bewährten Dulder nichts mehr im Weg; der Kampf ist ausgekämpft, und der Preis des Sieges kann ihm gereicht werden. Die Rechtfertigung gegen die Menschen, auch die sogenannten Freunde, die ihn verkannt und vernachlässigt haben, läßt Gott nachträglich dem innerlich Erhobenen und Gerechtfertigten auch noch zukommen. Er selbst braucht sich nicht darum zu kümmern; er kommt vielmehr in die erwünschte Lage, daß Gott sie zwingt, ihn aufzusuchen und sich seiner Fürbitte zu versichern, ohne die er ihnen nicht vergibt. So etwas kommt auch heute noch vor.

26. OKTOBER

Gott ist Geist, und die ihn anbeten, müssen ihn in Geist und Wahrheit anbeten. Johannes 4,24

Und er sprach: Deshalb habe ich euch gesagt, daß niemand zu mir kommen kann, es sei ihm denn vom Vater aus gegeben. Johannes 6,65

Und Jesus sprach: Um ein Gericht herbeizuführen, bin ich in diese Welt gekommen, damit die Nichtsehenden sehen und die Sehenden blind werden. Johannes 9,39

Jesus sagt zu ihm: Ich bin der Weg und die Wahrheit und das Leben; niemand kommt zum Vater außer durch mich. Johannes 14,6

Wissen können wir in diesem Leben nicht, was Gott ist, und ebensowenig, was Christus und was der Heilige Geist ist. Alles, was darüber in den Katechismen und dogmatischen Lehrbüchern steht und weshalb viele Menschen ihr Leben haben lassen müssen, wenn sie es nach Ansicht dieses oder jenes Kirchenlehrers nicht richtig verstanden – der es selbst um keinen Haarbreit besser wußte –, ist Produkt menschlicher, mehr oder weniger richtig konstruierender Vorstellung gewesen. Hätten wir nicht eigene Erfahrungen von dem wirklichen Dasein Gottes, von der Kraft des Glaubens an Christus und von der Natur eines anderen Geistes als der unsrige sie besitzt, könnte man nur einen toten Kirchenglauben an solche menschliche Diktate haben, wie es denn auch in der Tat der Glaube vieler jederzeit gewesen ist und noch ist.
Wir müssen durch die Worte Christi zu der Auffassung gelangen, wie er über die Dinge gedacht hat und gedacht wissen will, und uns daran halten. Man kann aber immerhin zum Trost vieler beifügen, daß auch die kirchliche Formulierung im „Glaubensbekenntnis" der Wahrheit so nahe kommt, wie sie mit solchen Formeln überhaupt ausdrückbar ist. Niemand geht damit einen ganz irrigen Weg, während jede Abweichung davon leicht auf gefährlichere Pfade führt.

27. OKTOBER

Denkt man morgens beim Erwachen gleich an sein Kreuz, das man wieder auf sich zu nehmen hat, so will es einem oft zu schwer erscheinen; denkt man an das, was der Tag oder die Zukunft überhaupt bringen kann, so wandelt einen leichte Furcht, das unangenehmste aller Gefühle, an.

Denkt man aber an die Gnade Gottes, die uns wieder aufgeweckt hat, und an den Dienst, den man dem Reich Gottes zu leisten schuldig ist, so erfaßt den tätigen Menschen im Gefühl dessen, was er dafür tun kann und darf, leicht eine Freude, die den ganzen Tag über aushält.

28. OKTOBER

Zion wird durch Recht erlöst.
Jesaja 1,27a

Während des größeren Teils ihres Lebens erhalten selbst die allerbesten Menschen mehr Gutes als sie verdienen, ja, bei der allergrößten Zahl der Menschen ist das überhaupt während ihres gesamten Lebens der Fall.
Es ist eine der bedeutendsten Epochen im Leben, wenn Gott bei einigen wenigen anfangen kann – es sozusagen wagen darf, ohne daß sie sofort verzweifeln oder von ihm abfallen –, ihnen etwas weniger zu geben, sich gewissermaßen bei ihnen auf den Rechtsstandpunkt, statt auf den Gnadenstandpunkt zu stellen. Das ist die höchste Ehre, die er ihnen antun kann, die sie oft genug gar nicht verstehen und sogar zurückstoßen. Das meint der Prophet, und darin liegt auch eine gewisse Verständlichkeit der Befreiung aller durch das Leiden Christi, obwohl eine stellvertretende Gerechtigkeit eben doch immer Gnade und nicht Recht ist und die zugrundeliegende Frage eigentlich nicht löst.

29. OKTOBER

Wenn man einmal in einer bestimmten Zeit seines Lebens boshafte Lästerung und Verleumdung recht gehörig hat erdulden müssen, so ist man fortan gegen menschliche Lobeserhebungen gefeit. Diesen Schmutz wäscht solches Rosenwasser nicht mehr von der Seele; nur das Feuer göttlicher Gerechtigkeit brennt ihn hinweg.

Jedenfalls dringt das meist doch sehr wässerige Menschenlob gar nicht mehr bis zu der Schicht des Herzens durch, in welche die Bosheit ihre glühenden Pfeile geworfen und wo sie ihre fast unauslöschlichen Narben zurückgelassen hat.

30. OKTOBER

Zu Menschen, die nicht selbst gelitten haben, hat kein Leidender Vertrauen. Wäre unser Herr nicht am Kreuz gestorben, sondern seine Laufbahn ohne tragischen Ausgang geblieben, so würde sein Leben eine „schöne Geschichte" sein – der Heiland der Armen und Bekümmerten aber wäre vielleicht Paulus geworden, wenn es überhaupt einen solchen gegeben hätte. Das Wort Christi: „Es muß also gehen" hatte also seine tiefste Bedeutung, selbst wenn man das Opfer ganz menschlich-psychologisch, ohne alle Beziehung auf Gott, sondern nur mit Rücksicht auf die Natur und Denkungsart der Menschen auffassen würde.

Es ist noch jetzt so. Jede echte Krone ist in einem hohen Grad eine Dornenkrone. Eine andere tut weder an den Erwählten selbst noch an den von ihnen Beherrschten und Geleiteten gute Wirkung.

31. OKTOBER

Auch in bezug auf die Geselligkeit ist nur das Maßhalten das Rechte. Beständigen Verkehr mit Menschen hält niemand ohne geistigen Nachteil aus. Selbst Christus mußte ihn zuweilen unterbrechen und allein mit seinem Vater sein. Bei vielbeanspruchten Menschen, die stets von anderen belagert sind, ist eine Abnahme ihrer Kraft bald deutlich genug zu spüren. Blumhardt beklagte am Ende seines zuletzt auch viel zu sehr von Menschen umstellten Lebens, „im Elend begraben" zu sein. Das darf niemals eintreten und ist keineswegs Nachfolge

Christi. Viele werden schließlich dadurch Leute, von denen gar keine Kraft mehr ausgeht, deren „Salz dumm geworden" ist.

Das Salz nun ist etwas Gutes; wenn aber sogar das Salz seine Schärfe verliert, womit soll es wieder kräftig gemacht werden? Lukas 14,34

Denn was nützt es dem Menschen, die ganze Welt zu gewinnen und sein (künftiges) Leben einzubüßen? Markus 8,36

November

1. NOVEMBER

Der Hang zur Einsamkeit ist nichts Gesundes, obwohl wir vielleicht sehr geneigt sind, ihn milder zu beurteilen, sofern wir unter den Folgen einer übermäßigen Berührung mit Menschen zu leiden haben. Aber er macht eigensinnig, weltfremd und träge zum Guten. Wir glauben daher an keine heiligen Einsiedler; ihre Heiligkeit ist eine viel zu wohlfeil erworbene. Es muß jeder wissen, wozu seine Natur mehr neigt und rechtzeitig Maßregeln treffen, um eine gegenteilige Bewegung herbeizuführen.

2. NOVEMBER

Für einigermaßen ruhig beobachtende Leute ist der erste Eindruck, den sie von einer Persönlichkeit empfangen, der richtigste und stets maßgebende. Ein unsicherer, harter oder listiger Blick, eine nervöse oder zurückhaltende Hand, ein sinnlicher Mund, ein charakterloses Kinn, ein Überwiegen der unteren über die obere Gesichtshälfte überhaupt, lassen sich nun einmal nicht verbergen.

3. NOVEMBER

Die Menschen kennen uns gewöhnlich besser als wir selber uns kennen. Sie sind, wenn sie nicht durch die Berechnung eines Vorteils verblendet werden, alle viel scharfsichtiger und richtiger urteilend als man annimmt. Sie sprechen nur ihr Lob und ihren Tadel leider nicht immer aus. Das tröstlichste Wort ist die Versicherung in Sprüche 16,7: „Wenn eines Menschen Wege dem Herrn gefallen, so versöhnt er auch seine Feinde mit ihm." Lies hierzu:

Nun kam einst Abimelech zu ihm von Gerar mit seinem Freunde Ahussat und seinem Feldhauptmann Pichol. Da sprach Isaak zu ihnen: Warum kommt ihr zu mir, da ihr mich doch hasset und mich von euch weggeschickt habt? Sie sprachen: Wir sehen nun in der Tat, daß der Herr mit dir ist; darum dachten wir: es soll ein Vertrag zwischen uns beschworen werden, zwischen uns und dir, und wir wollen einen Bund mit dir schließen, daß du uns nichts zuleide tuest, wie auch wir dich nicht angerührt und dir nur Gutes getan und dich in Frieden haben ziehen lassen. Du bist nun einmal der Gesegnete des Herrn. Da bereitete er ihnen ein Mahl, und sie aßen und tranken. Und am andern Morgen in der Frühe schwuren sie einander den Eid. Dann entließ sie Isaak, und sie schieden von ihm in Frieden.
1. Mose 26,26–31

Aber Gott kam des Nachts im Traume zu dem Syrer Laban und sprach zu ihm: Hüte dich, Jakob mit irgendeinem Wort Gott zur Rede zu stellen!
1. Mose 31,24

Ja, mit eignen Augen darfst du es schauen,
darfst sehen, wie den Gottlosen vergolten wird.
Denn deine Zuversicht ist der Herr,
den Höchsten hast du zu deiner Zuflucht gemacht.
Es wird dir kein Unheil begegnen,
keine Plage zu deinem Zelte sich nahen.
Denn seine Engel wird er für dich entbieten,
dich zu behüten auf all deinen Wegen.
Sie werden dich auf den Händen tragen,
daß dein Fuß nicht an einen Stein stoße.
Über Löwen und Ottern wirst du schreiten,
wirst zertreten Leuen und Drachen.
Psalm 91,8–13

Wohl dem, der seine Stärke findet in dir,
wenn er wallfahrten will!
Wenn sie durch das Bakatal ziehen,
macht der Herr es zum Quellort,
ja, mit Segen bedeckt es der Frühregen.
Sie wandern mit wachsender Kraft,
bis sie Gott schauen auf Zion ...
O Herr der Heerscharen,
wohl dem Menschen, der dir vertraut!
Psalm 84,6–8.13

Ein Wunder bin ich für viele,
und du bist meine starke Zuflucht.
Psalm 71,7

Du bist emporgestiegen zur Höhe,
hast Gefangene weggeführt.
Du hast Gaben empfangen unter den Menschen;
auch die widerstrebten, werden nun wohnen
bei Gott, dem Herrn.
Gelobt sei der Herr Tag für Tag!
Uns trägt der Gott, der unsre Hilfe ist,
Gott ist uns ein Gott des Sieges,
Gott, der Herr, errettet vom Tode.
Psalm 68, 19–21

Denn du hast uns geprüft, o Gott,
hast uns geläutert, wie man Silber läutert.
Du hast uns ins Netz geraten lassen,
hast drückende Last auf unsre Hüften gelegt;
du hast Menschen über unser Haupt dahinfahren lassen.
Wir sind durch Feuer und Wasser gegangen,
aber du hast uns herausgeführt ins Weite.
Psalm 66, 10–12

Aber Gott wird sie treffen mit dem Pfeil;
plötzlich ist ihre Verwundung da.
Er bringt sie zu Fall ob ihrer Zunge;
es höhnen alle, die auf sie sehen.
Psalm 64, 8–9

Mit Gott werden wir Taten tun;
er wird unsre Bedränger zertreten.
Psalm 60, 14

Bei allen Vorwürfen, Kritiken und Widerständen muß man sehr gewissenhaft prüfen, was Berechtigtes daran ist und daraus Nutzen für die Zukunft ziehen, im übrigen aber, namentlich wenn man wirklich Recht hat – schweigen.

4. NOVEMBER

Von Natur sind wir alle „Kinder des Zorns"; das tritt sogar ganz natürlich im Alter immer deutlicher hervor, so daß viele alte Leute sich selbst und anderen dadurch zur Last werden. Die wahre Milde und Güte, die keineswegs Schwäche ist, ist der vollkommenste Beweis eines Lebens, das im Menschen aufgehen kann, wenn sein eigenes Leben durch „die Wüste der Vernichtung" in das gelobte Land der „Vermählung" gelangt ist. Aber davon weiter zu reden, nützt wenig; das ist ein Ton aus einer anderen Welt, für den wenige Ohren offen sind.

5. NOVEMBER

Wenn nun dein ganzer Leib voll Licht ist und gar keinen finsteren Teil an sich hat, wird er ganz (so) voll Licht sein, wie wenn das Licht dich mit seinem Strahl beleuchtet. Lukas 11,36

Das Beste und Entscheidende, das in uns geschieht, hat stets eine blitzartige Natur; es ist ein Strahl der Gnade und des Lichtes aus einer anderen Welt; nicht bloß eine Einsicht, sondern zugleich eine Anregung zum aktiven Handeln. Dann ist es Sache des Menschen, diesen Entschluß ebenso rasch zu fassen und ihn sofort auszuführen; sonst geht der Gnadenaugenblick vorüber. Erfassen wir ihn aber, dann ist er der Adler mit dem Goldgefieder, der uns über sonst unübersteigbare Hindernisse gewaltsam aufwärts reißt. Der Weg zum Himmelreich ist eben ein ganz eigentümlicher, nicht gänzlich nach den gewöhnlichen Regeln des Erlebens zu verstehender Pfad; aber wer das nicht erfahren hat, glaubt nicht leicht daran.

Der Gedanke an den Tod, der für junge Leute meistens schreckhaft ist, verliert diese Eigenschaft unter normalen Verhältnissen und wenn keine Gewissensangst dazu kommt, im Verhältnis zu der zunehmenden Wahrscheinlichkeit des Sterbens. Es erscheint dann wie ein bloßer Übergangsakt, der sich von dem des alltäglichen Einschlafens und Wiedererwachens nicht sehr wesentlich unterscheiden mag. Authentische Berichte über den Vorgang selbst haben wir zwar keine, wie sich übrigens auch niemand genau den Vorgang des Einschlafens vergegenwärtigen kann.
Dagegen ist das „Sterbenwollen" ein unredliches Mittel, den Schwierigkeiten des Lebens zu entrinnen; ungefähr so, wie ein schlechter und unehrenhafter Spieler die Karten oder Schachfiguren zusammenwirft. Wir sind nicht in dieses Leben gerufen worden, um uns daraus willkürlich wieder entfernen zu können, wenn wir keinen Geschmack mehr daran finden, sondern um ein für uns und andere nützliches Dasein zu führen bis Gott uns, zu rechter Zeit, abberuft.

Wohl dem Menschen, den Gott zurechtweist!
So verwirf nicht die Zucht des Allmächtigen!
Denn er tut weh und er verbindet;
er schlägt wohl Wunden, doch seine Hand heilt.
Aus sechs Nöten errettet er dich,
und in sieben rührt kein Leid dich an.
In Hungersnot erlöst er dich vom Tode –
und im Krieg aus des Schwertes Gewalt.
Vor der Geißel der Zunge bist du geborgen,
du mußt dich nicht fürchten, wenn Verheerung kommt.
Der Verheerung und Hungersnot kannst du lachen,
hast dich nicht zu fürchten vor den Tieren des Feldes.
Mit den Steinen des Ackers stehst du im Bunde,
und die Tiere des Feldes sind dir befreundet.
Da wirst du erfahren, daß dein Zelt sicher ist;
durchgehst du deine Wohnstatt, so vermissest du nichts.
Da wirst du erfahren, daß sich mehrt dein Geschlecht,
deine Sprößlinge wie das Kraut der Erde.
In voller Reife steigst du zu Grabe,
wie die Garbe einkommt zu ihrer Zeit.
Hiob 5, 17–26

Und mit dem eigenmächtigen Sterben ist es mutmaßlich auch gar nicht abgetan; sondern es folgt darauf ein anderes, wahrscheinlich viel schwereres Leben. Das können wir jedenfalls nicht willkürlich abschneiden, wenn es so ist.

7. NOVEMBER

Man sollte gar nicht so viel von Heiligkeit, Tugend oder Gerechtigkeit sprechen. Sie bleiben, wie die Schrift sagt, vor einem durchdringenden Auge doch stets ein „unflätiges Kleid". Was der Mensch erreichen kann auf der Erde und was anderen wohltut an ihm, ist Liebe zu Gott und wirkliche Güte gegen alle Mitlebenden. Wer das beständig in sich fühlt, der hat das höchstmögliche Lebensziel erreicht.

8. NOVEMBER

Es gibt zweierlei Menschen: die einen, die zu uns in unserem Glück sehr liebenswürdig und zutunlich sind, sich aber sofort sachte zurückziehen, wenn Unglück dauernd bei uns eintritt; die anderen, oft viel weniger liebenswürdigen, die uns auch im Unglück begleiten. Zu welchen du gehörst, entscheide selbst und auch, welches das Schönere ist. Jedenfalls aber laß die ersteren, wenn du sie einmal als solche erfahren hast, keine Wurzel mehr in deinem Herzen fassen. Sie sind eine Unterhaltung in guten Zeiten, weiter nichts.

9. NOVEMBER

Darum werfet eure Zuversicht nicht weg, die eine große Belohnung hat. Denn Ausdauer habt ihr nötig, damit ihr den Willen Gottes tun und (so) die Verheißung erlangen mögt. Denn noch „eine ganz, ganz kurze Zeit", so wird der, welcher kommen soll, kommen und nicht verziehen. Mein Gerechter aber wird aus Glauben leben, und wenn er feig zurückweicht, hat meine Seele kein Gefallen an ihm".

Wir aber sind nicht solche, die feig zurückweichen, um (so) zugrunde zu gehen, sondern solche, die glauben, um (so) das (ewige) Leben zu gewinnen. Hebräerbrief 10,35–39

Ich weiß, daß über den Glauben große Bücher geschrieben worden sind. Es ist aber noch nie etwas Besseres darüber gesagt worden, als in diesen Sätzen und im ganzen 11. Kapitel.
Das ist heute noch der große Unterschied zwischen den Menschen: den Tapferen, die diese feste Zuversicht haben und sie unter allen Umständen festhalten, und den Verständigen, die nur an das glauben, was man sehen kann, und danach sich einrichten.

10. NOVEMBER

Man begreift nur schwer, daß lebhaftes Glücksgefühl immer nur eine Stärkung und Vorbereitung für neue Arbeit und Mühe oder Trübsal sein soll – vorausbezahlter Lohn –: schwere Anfechtung und Niedergeschlagenheit aber stets die Eingangstür zu neuer, größerer Seligkeit und Kraft von Gott her ist. Man wird dann ruhig im Unglück und ernst und besonnen im Glück.

11. NOVEMBER

Cattarina von Genua fragt mit Recht: „Die Liebe zu Gott schließt jede andere Liebe aus, und doch sollen wir den Nächsten lieben?" Sie erhielt darauf die Antwort: „Wer mich liebt, liebt auch alles, was ich liebe; du mußt bereit sein, das geistliche und leibliche Wohl deines Nächsten so viel wie möglich zu befördern; die wahre Liebe liebt den Nächsten nicht in ihm selbst, sondern in Gott."
Das bekommt auch dem Nächsten besser; denn die Liebe, mit der er um seiner selbst willen geliebt wird, erlebt mitunter eigentümliche Schwankungen und ist jedenfalls weniger konstant und sicher.

12. NOVEMBER

Die Anregungen zum Guten wie zum Bösen sind meistens blitzartig. Den ersteren muß sofort entsprochen und durch eine Tat die Hand ergriffen werden, die sich uns hilfreich entgegenstreckt; den letzteren muß man ebenso rasch einen entschiedenen Widerstand des Willens entgegensetzen.

13. NOVEMBER

Man würde sich vielleicht nie mehr über einen Menschen heftig erzürnen, wenn man den Tag im voraus genau wüßte, an dem er eine Handvoll Staub sein wird.

14. NOVEMBER

Kleinmut wie Hochmut, übersprudelndes Selbst- und Lebensgefühl stammen aus dem Geist des Bösen. Davon wende dich sofort entschieden ab, sobald du es in dir bemerkst, bevor es weitergreifen kann.

Die Haltung, die von Gott kommt und in der wir uns möglichst immer befinden sollen, ist ein ruhiges Gefühl der eigenen Schwäche, aber der vollen Zuversicht auf die Liebe und die Kraft Gottes, die uns zu allem Handeln und Leiden fähig macht. Das ist die geistige Gesundheit im Gegensatz zu der Krankheit und der Fieberaufregung.

15. NOVEMBER

Handeln, auch zum Beispiel Briefe schreiben, soll man nie, wenn man sich nicht im vollen Besitz geistiger Gesundheit befindet. Es kommt immer etwas Halbes oder ganz Verkehrtes dabei heraus, und doch ist die Versuchung dazu, besonders in Fieberzuständen, sehr groß. Widerstehe ihr stets.

16. NOVEMBER

Und die Vorübergehenden lästerten ihn.
Markus 15,29a

Dieses Wort traf mich einmal in einem besonders schweren Abschnitt meines Lebens in der merkwürdigen Art, daß die Betonung auf dem Wort „vorübergingen" lag. In der Tat lästern noch heute ihn und seine Nachfolger nur die, deren Wesen und Wirken vorübergehend ist.

17. NOVEMBER

Die Ehe ist nie eine gleichgültige Sache, sondern eigentlich eine furchtbare; entweder ein Quell des Segens für den einzelnen und für ganze Völker oder der Ursprung eines Fluchs, der auf ihnen zu ruhen scheint, so daß sie sich gar nicht mehr erheben können.
Der Hochzeitstag ist der entscheidendste Tag im Leben, und die vielen Hochzeitslustbarkeiten mögen oft nur den geheimen Sinn haben, den vollen Ernst der Sachlage den Beteiligten und ihren Angehörigen etwas zu verdecken.

18. NOVEMBER

Jesus antwortete nun und sprach zu ihnen: Wahrlich, wahrlich, ich sage euch: Der Sohn kann nichts von sich aus tun, er sehe denn den Vater etwas tun; denn was jener tut, das tut ebenso auch der Sohn.
Ich kann nichts von mir aus tun. Wie ich höre, so richte ich, und mein Gericht ist gerecht; denn ich suche nicht meinen Willen, sondern den Willen dessen, der mich gesandt hat. Johannes 5,19.30

Auch wenn man sonst nicht wüßte, woher die wahre Weisheit kommt, so müßte uns dieses Wort darüber belehren. Wenn sogar Christus unter diesem Gesetz stand, wie wollen wir uns denn vermessen, Weisheit aus uns selber zu finden oder auf Schulen der Weltweisheit zu lernen, statt die gleiche Quelle aufzusuchen, die auch uns offensteht und von der wir die klaren Proben in den Worten und Taten Christi sehen?

Die Juden nun verwunderten sich und sagten: Wieso kennt dieser die Schriften, da er doch ein Ungelehrter ist? Da antwortete ihnen Jesus und sprach: Meine Lehre ist nicht mein, sondern dessen, der mich gesandt hat; wenn jemand seinen Willen tun will, wird er erkennen, ob die Lehre aus Gott ist oder ob ich von mir aus rede. Wer von sich aus redet, sucht seine eigne Ehre; wer aber die Ehre dessen sucht, der ihn gesandt hat, der ist wahrhaftig, und Ungerechtigkeit ist nicht in ihm. Johannes 7,15–18

Der Geist ist es, der lebendig macht, das Fleisch hilft nichts; die Worte, die ich zu euch geredet habe, sind Geist und sind Leben.
Simon Petrus antwortete ihm: Herr, zu wem sollten wir gehen? Du hast Worte ewigen Lebens. Johannes 6,63.68

Er lehrte sie wie einer, der Gewalt hat, und nicht wie ihre Schriftgelehrten. Matthäus 7,29

19. NOVEMBER

Ich habe oft in meinem Leben Zeiten gehabt, in denen ich zu einem Menschenverächter hätte werden können. Daß ich es nicht geworden bin, verdanke ich der Einsicht in das Leben und Denken der kleinen Leute.
Sobald man Auge und Liebe für das Kleine und Geringe in der Welt bekommt, ist man vor dem Pessimismus, dem Leiden unserer Zeit, auf immer gesichert. Solange dagegen in einem Menschen noch eine, wenn auch bloß geheime Neigung für das Hohe, Vornehme oder in der Erscheinung Auffallende besteht, hat der „Fürst dieser Welt" sein Recht noch nicht verloren, und ein stetiges Glück ist nicht zu erlangen. Es ist beizufügen, daß das Kleine das bei weitem Interessantere und Liebenswürdigere ist. Eine Ameise, in ihrem Bau beobachtet, ein Bienchen oder ein Dompfäffchen sind viel merkwürdigere

und ansprechendere Tiere als ein Löwe, ein Adler oder gar ein Walfisch. Ein kleines Alpenblümchen ist weit schöner als die prachtvollste Tulpe oder alle neugezüchteten Pflanzen. So ist es bei den Menschen auch. Achte auf das Kleine in der Welt; das macht das Leben reicher und zufriedener.

20. NOVEMBER

Wir können die äußeren Gegner nicht loswerden. Im Gegenteil, es werden mehr, wenn jemand anfängt, ein wirksames Glied der Gemeinde Christi zu sein. Daher müssen wir Mut und inneren Frieden suchen; alles andere hilft uns nicht. Und da ist es nicht allein ein großer Trost, sondern auch eine Stärkung im Glauben, daß uns die Kraft hierzu oft sehr deutlich und klar von einem Geist gegeben wird, der gar nicht der unsrige sein kann, so daß wir mitunter mitten im Unglück glücklicher und freudiger sind als im sogenannten Glück. Das ist die eigentliche und unwiderlegbare Beweisführung für die Realität einer unsichtbaren Welt.

21. NOVEMBER

Gott dienen heißt: alle seine Kräfte und Mittel in jedem Augenblick seines Daseins zur Vollbringung des göttlichen Willens anzuwenden. Ein solches Leben – und nur dieses – gewährt eine nie zu trübende Heiterkeit, und zu dieser Lebensfreude im Dienst Gottes sind wir aufgeboten. Ein anderer „Gottesdienst“ hilft uns nicht viel, und Gott hat auch sicherlich keine Freude daran.

Auch ich bin in meinem Leben oft durch den Sorgengeist, die lebhafte Phantasievorstellung von künftigen Übeln, die dann entweder gar nicht eintraten oder sehr ertragbar waren, irregeführt worden. Die Versuche, diese Übel abzuwenden, waren in ihren Folgen mitunter schlimmer als die Übel selbst es gewesen wären. Dagegen hat mir Gott stets geholfen, wenn ich ihm vertraute. Ohne diesen Glauben ist durch die Welt, wie sie einmal ist, nicht leicht zu kommen, mit ihm aber wohl, und das für alle.

Dieser Glaube, wenn er wirklich vorhanden ist, ist schon an und für sich ein Glück; denn er erfüllt die Seele mit einer Freude und Zuversicht, die fast ebenso fröhlich macht wie schließlich der Gewinn daraus. Umgekehrt ist der Pessimismus ein Gefühl, das ebenso unglücklich macht wie das Unglück selbst. Da wähle also; das hängt von dir ab.

Wir könnten uns unser Leben sehr viel leichter gestalten, wenn wir wenigstens den Lehren des 32. Psalms folgen wollten:

Ich will dich unterweisen und dir zeigen
den Weg, den du wandeln sollst,
will mein Auge auf dich richten.
Sei nicht wie das Roß und das Maultier,
die keinen Verstand haben;
mit Zaum und Zügel muß man bändigen ihr Ungestüm,
sonst nahen sie nicht zu dir.

Psalmen 32, 8 + 9

23. NOVEMBER

Die Furcht vor einer Beleidigung klebt allen in „anständigen" Verhältnissen aufgewachsenen Menschen an und hindert sie an vielem, was sie tun könnten und sollten, in einem weit höheren Maß, als man es glaubt. Es gibt darunter Leute genug, die sich vor jedem Zeitungstadel fürchten, der doch zu den geringeren Unannehmlichkeiten des Lebens zu zählen ist. Es ist eine Gnade Gottes, wenn ein solcher Mensch einmal in seinem Leben in Schmach getaucht wird und unversehrt daraus hervorgeht. Das ist die Meinung von Jesaja 48, 10: „Siehe, ich habe dich geläutert, doch nicht als Silber, habe dich geprüft im Ofen des Elends."

Dann erst fürchtet er sich nicht mehr und ist zu etwas Besserem, als nur zu einem bloßen Parteigänger brauchbar.

Vielem gegenüber, das ihn anziehen oder ihm imponieren will, muß der Mensch einfach sagen: Ich strebe nach dem allem nicht, und nichts davon würde meine Seele ausfüllen können; ich strebe nach der wahren Güte.

24. NOVEMBER

Einer jeden Erhöhung, die von Gott her kommt, geht unfehlbar eine Erniedrigung oder Verachtung durch Menschen voran; das ist ein ganz sicheres Anzeichen. Der Mensch soll klar sehen, daß ihm die Bedeutung, die er hat, nicht durch den guten oder schlechten Willen der Menschen, sondern durch die Fügung Gottes zukommt, und danach soll er handeln.

Eine solche Erhöhung macht daher auch bescheiden, nicht übermütig, und eine solche Kränkung fest und zuversichtlich. Es ist ganz das Gegenteil vom gewöhnlichen Lauf der Welt.

Und ich, der Herr, werde ihr Gott sein, und mein Knecht David wird Fürst sein in ihrer Mitte. Ich, der Herr, habe es geredet. Ezechiel 34, 24

Ich, ich bin der Herr, und außer mir ist kein Helfer. Ich habe Heil verkündet und es geschaffen, habe es hören lassen; kein fremder (Gott) war unter euch. Und ihr seid meine Zeugen, spricht der Herr, und ich bin Gott. Auch hinfort bin ich derselbe, und niemand rettet aus meiner Hand. Ich tue es – wer will es wenden? Jesaja 43, 11–13

Der ich vom Aufgang den Stoßvogel rief, aus fernem Lande den Mann meines Plans. Ich habe es geredet, ich lasse es kommen; ich habe es entworfen, ich führe es aus. Jesaja 46, 11

25. NOVEMBER

Wenn es dir im Innern völlig wund zumute ist, wenn du nicht mehr recht Herr deiner Nerven bist, dann vermeide es in diesem Zustand, Menschen zu begegnen. Klage es Gott, nicht ihnen, und tritt ihnen erst wieder mit Fassung entgegen. Solange das nicht möglich ist, ziehe dich zurück, wie es die Tiere tun, wenn sie sich krank fühlen. Die Menschen aber drängen sich dann erst recht andern auf, die ihnen doch meistens nicht helfen können.

Hat man als relativ Gesunder mit solchen gedrückten Willenskranken oder nervös gereizten Menschen zu tun, dann muß man sie nicht hart tadeln, zum Sich-Zusammen-Nehmen ermahnen oder ihnen ihr Leiden als wenig bedeutend ausreden wollen. Das alles verbittert sie nur. Sachte mit ihnen umgehen, alles Aufregende aus dem Weg räumen, ihnen, wenn sie ihnen fehlen, Ruhe und Erfrischung verschaffen und auf ihre augenblicklichen gereizten Worte kein großes Gewicht legen, das ist meistens das einstweilen Beste. Vielen Leuten wird oft in ihren schwachen Stunden damit geholfen, daß sie anderen helfen müssen; sie können sich daran am leichtesten aufrichten.

26. NOVEMBER

Und einen Tempel sah ich nicht in ihr; denn der Herr, der allmächtige Gott, ist ihr Tempel, und das Lamm. Offenbarung 21,22

Diese Worte zeigen deutlich, daß Kirchen nichts Ewiges, sondern eine zeitliche, sehr wirksame und nützliche Unterstützung auf unserem Glaubensweg sind. Es ist gut, das stets vor Augen zu haben, damit wir nicht übersehen, was die Hauptsache ist und bleibt.

Darauf gründet auch alle wahre Toleranz.

27. NOVEMBER

An Zeichen aber werden folgende die Gläubiggewordenen begleiten: in meinem Namen werden sie Dämonen austreiben; in neuen Zungen werden sie reden; Schlangen werden sie aufheben, und wenn sie etwas Tödliches getrunken haben, wird es ihnen nicht schaden; Kranken werden sie die Hände auflegen, und sie werden genesen. Markus 16, 17–18

Die Worte, die wir von Christus selber kennen, haben alle eine sehr große „Realität"; sie sind immer wörtlich zu nehmen. Das gilt auch sogar von diesen Sätzen. Wo nichts davon zutrifft, da ist das Christentum noch nicht völlig so, wie es sein kann und soll.

28. NOVEMBER

Wenn bei etwas viel Reklame irgendeiner Art angewandt wird, da traue der Sache nicht. Wahrhaft gute und Gott wohlgefällige Dinge und Menschen werden auch ohne das bekannt, und umgekehrt wird manches anfänglich recht Gute dadurch sehr verdorben.
Das Christentum selbst ist ein klassisches Beispiel dafür.

29. NOVEMBER

Es ist am Ende alles gut, was man näher kennt oder weiß, im Gegensatz zur Unkenntnis. Wir sollen uns die Welt durch möglichst vollkommene Kenntnis ihrer Eigenschaft zueigenmachen.
Aber mein Leben möchte ich doch nicht einem Gegenstand gewidmet haben, der zu der Beförderung des Menschenwohles in einer allzu geringen direkten Beziehung steht. Immerhin aber noch hundertmal lieber einer solchen nicht gerade sehr notwendigen oder nützlichen Wissenschaft als dem Vergnügen oder dem bloßen Gelderwerb.

Tu bei der Arbeit immer zuerst das Nötigste, und das greife frisch und bei der Hauptsache an. Dadurch bekommt man zu vielem Zeit. Ein zweites, fast ebenso gutes Mittel ist es, alle unnötige Arbeit und Anstrengung zu vermeiden.
Wenn jemand dann noch rechtzeitig im Leben Vergnügen oder gesellige Verpflichtungen aufgeben kann, wird er, ohne sich zu überanstrengen und bei guter Erhaltung seiner Gesundheit, das Doppelte und Dreifache der gewöhnlichen Arbeit auf sich nehmen.

Dezember

1. DEZEMBER

Überwinden, Sieger bleiben in diesem Leben über alles Ungute und Unschöne, das ist das eigentliche Losungswort des Lebens. Das heißt aber nicht, alles leicht zu nehmen oder dem Kampf möglichst auszuweichen oder endlich in Gleichmut das Haupt zu beugen und dem Feind die ganze Breite des Weges offen zu lassen. Nein, das heißt kämpfen in der Kraft, die Gott dem Kämpfer geben will, und dann „alles ererben".

Wer überwindet, den will ich zu einem Pfeiler im Tempel meines Gottes machen, und er wird nicht mehr hinauskommen; und ich will auf ihn den Namen meines Gottes und den Namen der Stadt meines Gottes, des neuen Jerusalem, schreiben, das aus dem Himmel von meinem Gott herabkommt, und meinen neuen Namen. Offenbarung 3,12

Wer überwindet, wird dies ererben,
„und ich werde sein Gott sein, und er wird mein Sohn sein".
Den Feiglingen aber und den Ungläubigen und Befleckten und Mördern und Unzüchtigen und Zauberern und Götzendienern und allen Lügnern ist ihr Teil in dem See, der von Feuer und Schwefel brennt, und dies ist der zweite Tod. Offenbarung 21,7–8

Das hat auch seine Zeit; der Kampf dauert nicht immer, wie es sich die Phantasie manchmal vorstellt. „Fürchte dich nicht, glaube nur."

2. DEZEMBER

Ohne Erfahrungen von Gottes Dasein würden wir alle Atheisten sein in unserem innersten Denken, trotz aller Kirchlichkeit, die davor nicht zu schützen vermag.
Wer nicht an Gott glaubt, der macht sich irgendein menschliches Ideal zurecht, dem er aber allerlei Vorzüge andichten muß, die es gar nicht hat, wenn er nicht den Maßstab für Vollkommenheit überhaupt stark verringern will.
Andere, die zu dem zu klug oder zu welterfahren sind, verfallen in einen absoluten Skeptizismus, der an allem Guten in der Welt verzweifelt und sich mit Spott darüber hinwegzusetzen versucht. Was ist dann aber überhaupt das Leben noch wert? Davon hat Christus uns erlöst!

3. DEZEMBER

Einmal, an einem Tag des beginnenden Alters, muß man mit der Vergangenheit abschließen; ohne Zorn, ohne rückblickendes Bedauern das Buch schließen und es nicht mehr öffnen. Dankbar für alles Gute darin, dankbar besonders, daß alles zu einem guten Ende ging, und dankbar endlich, daß sehr vieles nun nie mehr geschehen wird, sondern auf immer erledigt ist. Dann vorwärts zu dem „ewigen" Leben, das ein ganz anderes ist. Die Bedingungen zum Eintritt stehen in den folgenden Sätzen, die Perspektive ist unbegrenzt:

Das aber ist das ewige Leben, daß sie dich, den allein wahren Gott und, den du gesandt hast, Jesus Christus, erkennen. Johannes 17,3

Denn das ist der Wille meines Vaters, daß jeder, der den Sohn sieht und an ihn glaubt, ewiges Leben habe; und ich werde ihn auferwecken am Jüngsten Tage. Johannes 6,40

Dazu ist aber noch etwas zu sagen: Das ist nicht nur die „Vergebung der Sünden", das ist noch etwas mehr, nämlich das eigene Vergessen dieser Sünden.
Diesen Unterschied zwischen „Vergeben und Bedecken" scheint auch der Satz zu machen: „Selig sind die, deren Übertretungen vergeben und deren Sünden bedeckt sind" (Röm 4,7). Es sind das zwei verschiedene Stufen, die auch zeitlich weit auseinander liegen können. Aber nur mit dem Tilgen jeder Erinnerung des Bösen im Menschen selber ist die göttliche Vergebung vollendet, weil dann auch kein Rückfall mehr zu befürchten ist, gegen den ebendiese peinlichere Erinnerung noch schützen soll.

4. DEZEMBER

Versuch's doch einmal mit dem Christentum, möchte man allen zweifelnden, unglücklichen oder vereinsamten Herzen zurufen. Du hast ja schon alles mögliche andere versucht. Versuche einmal das. Es lädt dich selbst dazu ein:

Kommet her zu mir alle, die ihr mühselig und beladen seid, so will ich euch Ruhe geben. Nehmet mein Joch auf euch und lernet von mir, den ich bin sanftmütig und von Herzen demütig, so „werdet ihr Ruhe finden für eure Seelen". Denn mein Joch ist sanft und meine Last ist leicht.
Matthäus 11,28–30

Und jeder, der Häuser oder Brüder oder Schwestern oder Vater oder Mutter oder Weib oder Kinder oder Äcker um meines Namens willen verlassen hat, der wird es vielfältig empfangen und das ewige Leben ererben.
Matthäus 19,29

So viele ihn aber aufnahmen, denen gab er Anrecht darauf, Kinder Gottes zu werden, denen, die an seinen Namen glauben. Johannes 1,12

Alles, was mir der Vater gibt, wird zu mir kommen, und wer zu mir kommt, den werde ich nicht hinausstoßen. Johannes 6,37

Wenn jemand seinen Willen tun will, wird er erkennen, ob die Lehre aus Gott ist oder ob ich von mir aus rede. Johannes 7,17

Aber versuche es mit dem einfachsten, unfehlbarsten Christentum, das auch allein die Verantwortung für alle seine Zusagen übernimmt. Das sind die Worte Christi, wie sie in den Evangelien stehen; nichts weiter. Das andere ist alles Zutat, vielleicht sehr gute und nützliche, aber doch Zutat, die nicht den gleichen Wert beanspruchen kann. Das zu verlangen, würde den Aposteln selber niemals eingefallen sein.
Du brauchst auch anfangs nicht einmal an die „Göttlichkeit" Christi zu glauben; er selbst erläßt das den Anfängern deutlich genug. Nachher wird sie dir ganz von selbst aufgehen, wenn du den Unterschied seiner Worte und aller menschlichen spürst:

Und wer ein Wort wider den Sohn des Menschen redet, dem wird vergeben werden; wer aber eins wider den heiligen Geist redet, dem wird nicht vergeben werden weder in dieser noch in der zukünftigen Welt. Matthäus 12,32

Simon Petrus antwortete ihm: Herr, zu wem sollten wir gehen? Du hast Worte ewigen Lebens, und wir haben geglaubt und erkannt, daß du der Heilige Gottes bist. Johannes 6,68–69

Daß das Christentum nach Jahrhunderten und so ungeheuren Veränderungen alles sonstigen Bestehenden heute noch genauso vorhanden ist wie am ersten Tage nach der Auferstehung Christi und genauso überzeugte Anhänger besitzt wie damals, und daß alles, was im Laufe dieser langen Zeit an Unrichtigem oder Übertriebenem an diese Wahrheit herangekommen ist, immer wieder untergegangen ist und sie nur heller und überzeugender zurückgelassen hat – das alles sollte eigentlich doch jedem verständigen Menschen die Wahrheit des Wortes Christi einleuchtend machen:

Jeder, der auf jenen Stein fällt, wird zerschellen, auf wen er aber fällt, den wird er zermalmen. Lukas 20, 18

Der Himmel und die Erde werden vergehen, meine Worte aber werden nicht vergehen. Matthäus 24, 35

5. DEZEMBER

Wenn du dich einmal ernstlich an das Lesen der Bibel wagst, was stets das weitaus beste Mittel ist und bleiben wird, das Christentum kennen und schätzen zu lernen, dann rechne zuerst mit deiner Schwachheit, und lies nicht weiter, sobald dir etwas gänzlich uninteressant oder unverständlich vorkommt.

Es ist ohne Zweifel gut, alle Schriften der Bibel zu kennen; aber es ist nicht zu leugnen, daß manche davon – die wir trotzdem gar nicht entbehren möchten – auf die Anfänger in diesem Studium einen unbedeutenden oder fremdartigen Eindruck machen. Fang mit den Evangelien an; das ist das Wichtigste und verfehlt auf niemanden seinen Eindruck.

Das Evangelium des Johannes ist dasjenige, das die innere Natur des Christentums am besten enthüllt; Markus ist wahrscheinlich der ursprünglichste Erzähler der Tatsachen gewesen, wie sie der frischen Erinnerung der unmittelbaren Zeugen entsprachen.

Dann lies im Alten Testament die historischen Bücher, denen kein anderes Geschichtswerk der alten Welt gleichkommt, dann die Psalmen und Hiob, dann die Propheten und zuletzt die Briefe der Apostel, die Apostelgeschichte und die Offenbarung, womit *unsere* Geschichte beginnt. Die Sprüche, den Prediger und das Hohelied kannst du als interessante Werke alter Poesie und Spruchweisheit betrachten.
Im übrigen ist die Vorliebe für dieses oder jenes Stück der Bibel ganz individuell. Psalm 37 und 73 sind die Lieder, die am meisten beruhigen können, wenn man über das „Glück der Gottlosen" in innere Anfechtung gerät. Psalm 90 ist heute so frisch und schön wie jemals.

6. DEZEMBER

Über die Zukunft oder über das Ende der Welt viel nachzudenken, ist ganz und gar unnütz, da das niemand auch nur annähernd berechnen oder voraussehen kann, selbst Christus konnte es nicht (Matthäus 24, 36). Und daß der Apostel Paulus sich vollständig irrte (1. Thessalonicher 4, 17) sollte für jeden eine Warnung sein. Wir haben überhaupt anderes zu sorgen und zu bedenken; dies ist uns nicht auferlegt. Für uns genügt der Satz:

Und Jesus trat hinzu, redete mit ihnen und sprach: Mir ist alle Gewalt gegeben im Himmel und auf Erden. Darum gehet hin und machet alle Völker zu Jüngern und taufet sie auf den Namen des Vaters und des Sohnes und des heiligen Geistes, und lehret sie alles halten, was ich euch befohlen habe! Und siehe, ich bin bei euch alle Tage bis an das Ende der Welt.
Matthäus 28, 18–20

„Seinen Freunden gibt er's im Schlaf." Das will heißen, sie brauchen sich nicht mit Streberei, Schmeichelei oder noch schlimmeren Mitteln im Leben vorwärts zu bringen, sondern sie bekommen alle wesentlichen Lebensgüter – Arbeit, Auskommen, gute Ehen, Freunde, Kraft, Gesundheit, Erholung – auch ohne das. Aber sie müssen Gottes Gebote pünktlich und treulich befolgen, nicht „auf beiden Seiten hinken", arbeiten, die Gaben Gottes redlich gebrauchen und auch ihrem Nächsten damit helfen wollen.
Das Leben mit Gott und Christus ist das leichteste, das es gibt; auch ohne alle Rücksicht auf eine darüber hinausreichende Zukunft; das kann jeder selbst versuchen und selbst erfahren, wenn er es mit redlichem Herzen tun will. Wenn er aber das nicht einmal versuchen will, so soll er auch nicht klagen.

Denn mein Joch ist sanft und meine Last ist leicht. Matthäus 11,30

Doch als er den Wind sah, fürchtete er sich, und da er anfing zu sinken, schrie er: Herr, rette mich! Alsbald aber streckte Jesus die Hand aus, ergriff ihn und sprach zu ihm: Du Kleingläubiger, warum hast du gezweifelt?
Matthäus 14,30–31

Und jeder, der Häuser oder Brüder oder Schwestern oder Vater oder Mutter oder Weib oder Kinder oder Äcker um meines Namens willen verlassen hat, der wird es vielfältig empfangen und das ewige Leben ererben.
Matthäus 19,29

Wenn ihr in mir bleibt und meine Worte in euch bleiben, so bittet, um was ihr wollt, und es wird euch zuteil werden. Johannes 15,7

Bis jetzt habt ihr noch nie um etwas in meinem Namen gebeten. Bittet, so werdet ihr empfangen, damit eure Freude vollkommen sei!
Dies habe ich zu euch geredet, damit ihr in mir Frieden habt. In der Welt habt ihr Angst; aber seid getrost, ich habe die Welt überwunden.
Johannes 16,24.33

Denn darin besteht die Liebe zu Gott, daß wir seine Gebote halten; und seine Gebote sind nicht schwer. 1. Johannesbrief 5,3

Ihr sagt: „Es ist umsonst, daß man Gott dient. Was nützt es uns, daß wir seine Ordnung eingehalten haben und daß wir in Trauer einhergegangen sind vor dem Herrn der Heerscharen? Darum preisen wir nun die Übermütigen glücklich: nicht nur gedeihen, die gottlos handeln, sie versuchen sogar Gott und kommen davon." Da redeten miteinander, die den Herrn fürchten; und der Herr merkte darauf und hörte es. Und es ward vor ihm ein Gedenkbuch geschrieben für die, welche den Herrn fürchten und seinen Namen achten. Sie werden mein Eigentum werden, spricht der Herr der Heerscharen, auf den Tag, da ich einschreite, und ich werde mich ihrer erbarmen, wie einer sich seines Sohnes erbarmt, der ihm dient. Da werdet ihr wieder den Unterschied zwischen dem Gerechten und dem Gottlosen sehen, zwischen dem, der Gott dient, und dem, der ihm nicht dient.

Maleachi 3, 14–18

8. DEZEMBER

So spricht der Herr: Verflucht ist der Mann, der auf Menschen vertraut und (das schwache) Fleisch zu seinem Arm macht, während sein Herz von dem Herrn weicht! Er wird sein wie der kahle Strauch in der Steppe, er wird nicht erleben, daß Gutes kommt; im Glutland der Wüste wird er wohnen, im unwirtlichen Salzland. Gesegnet ist der Mann, der auf den Herrn vertraut und dessen Hoffnung der Herr ist! Er wird sein wie ein Baum, der am Wasser gepflanzt ist, der nach dem Bach seine Wurzeln ausstreckt. Er hat nichts zu fürchten, wenn die Hitze kommt, seine Blätter bleiben grün; auch im Jahr der Dürre bangt ihm nicht, er hört nicht auf, Früchte zu bringen.

Jeremia 17, 5–8

Das ist wahrer, als man es anfänglich glaubt, und erspart dem, der es einhält, viele traurige Lebenserfahrungen.

9. DEZEMBER

Sparsam soll man im Kleinen und Großen sein, weil Luxus ein Unrecht gegen die vielen ist, die nicht einmal das Nötige besitzen, und um reichlich geben zu können.
Jede Sparsamkeit aus anderen Gründen und viel Rechnen überhaupt verleitet zum Geiz, der Gott am widerwärtigsten ist und der seinen Geist besser als alle anderen Laster vertreibt. Daher nennt die Schrift den Geiz die Wurzel alles Übels.

Darauf sagte er zu ihnen: Sehet zu und hütet euch vor aller Habsucht! denn (auch) wenn einer Überfluß hat, beruht sein Leben nicht auf seinem Besitz. Er sagte aber ein Gleichnis zu ihnen: Das Land eines reichen Mannes hatte gut getragen. Und er dachte bei sich selbst: Was soll ich tun, da ich keinen Raum habe, wohin ich meine Früchte sammeln kann? Und er sagte: Das will ich tun: ich will meine Scheunen abbrechen und größere bauen und dorthin all mein Getreide und meine Güter sammeln und will zu meiner Seele sagen: Seele, du hast viele Güter auf viele Jahre daliegen; ruhe aus, iß, trink, sei fröhlich! Aber Gott sprach zu ihm: Du Tor! In dieser Nacht fordert man deine Seele von dir; was du aber bereitgelegt hast, wem wird es zufallen?
Und ihr – fraget (doch) nicht, was ihr essen und was ihr trinken sollt, und seid nicht in Unruhe! Denn nach allen diesen Dingen trachten die Völker der Welt; euer Vater aber weiß, daß ihr diese Dinge bedürft. Vielmehr suchet sein Reich, dann wird euch dies hinzugefügt werden! Fürchte dich nicht, du kleine Herde! Denn es hat eurem Vater gefallen, euch das Reich zu geben. Verkaufet euren Besitz und gebet ihn als Almosen; machet euch Beutel, die nicht veralten, einen unerschöpflichen Schatz in den Himmeln, wo kein Dieb sich naht und keine Motte Zerstörung anrichtet! Denn wo euer Schatz ist, da wird auch euer Herz sein. Lukas 12, 15–20.29–34

Eure Lebensführung sei ohne Geiz, indem ihr euch genügen laßt an dem, was vorhanden ist; denn er selbst hat gesagt:
„Ich will meine Hand gewiß nicht von dir abziehen und dich sicherlich nicht verlassen“,
so daß wir getrost sagen können:
„Der Herr ist mein Helfer, ich werde mich nicht fürchten; was sollte mir ein Mensch tun?“ Hebräerbrief 13, 5–6

Spurgeon sagt: „Wenn Gottes Kinder nicht ihre Pflicht tun mit den Mitteln, die Gott ihnen anvertraut, so gestattet er ihnen oft, Aktionäre einer bankrotten Bank zu werden.“ Das trifft sehr oft buchstäblich ein.

10. DEZEMBER

Oft denkt man: Wenn es doch jemanden geben würde, der mit dem Christentum Christi, wie er selbst es verstand, Ernst machen und ein Beispiel von einem einfach guten Menschen sein wollte!

Er brauchte dazu gar keine ungewöhnliche Begabung oder Bildung, noch weniger irgendeine bestimmte äußere Stellung. Sondern mit einem wirklichen guten Willen und aufrichtigem, beständigem Suchen nach der Wahrheit könnte das geradezu ein jeder – der Holzhacker so gut wie der beste Pastor – leisten und damit seinen Nebenmenschen ein Licht auf ihrem Wege sein.

Nichts ist wahrer als das. Vielleicht aber begegnet dir, wenn du so denkst, in etwas anderer Weise das, was dem König David geschah. Es sagt dir nämlich eine Stimme ins Ohr: „Du bist der Mann." Tu du doch das, was du als möglich und zugleich als notwendig ansiehst. Gib alle anderen Bestrebungen, die dir geringwertiger vorkommen und von vielen anderen hinreichend versehen werden, auf.

Warum soll es ein anderer tun, der es vielleicht nicht einmal sieht, und du, der du es erkennst, willst dich davon befreien lassen? – Tu diese deine allererste Pflicht und lasse alles andere, und tu sie von heute ab.

11. DEZEMBER

So groß ist die persönliche Treue Gottes gegen seine wirklichen Knechte, daß ein einziger solcher Mensch das Unglück eines ganzen Landes aufhalten kann. Bevor es unabwendbar geworden ist, wird er zuerst weggenommen.

Der Gerechte kommt um, und niemand nimmt es zu Herzen. Die Frommen werden dahingerafft, und niemand achtet darauf; denn weil die Bosheit herrscht, wird der Gerechte dahingerafft, geht ein zum Frieden.
Jesaja 57, 1–2a

Darum, wenn ich dich dereinst zu deinen Vätern versammle, sollst du in Frieden in deiner Grabstätte geborgen werden, und deine Augen sollen all das Unglück, das ich über diesen Ort bringen will, nicht schauen.
2. Könige 22, 20

12. DEZEMBER

Die „Auszüge" aus dem Leben dieser Welt beschreiben schon die Worte Gottes an Abraham im Anfang der Kap. 12, 15, 17 und 22 des ersten Buches Mose. Zuerst ausziehen, sich trennen von seiner gewohnten Umgebung und Beschäftigung, die aufhaltend wirkt, um zu einem besseren, erfüllten Leben zu gelangen; dann nichts fürchten als Gott, und nur auf ihn achten; zuletzt einfach vor seinem Angesicht vorwärts gehen. Das ist noch jetzt der Lauf jedes Menschen, der zum wahren Leben gelangt. Mehr braucht er dazu nicht, aber das voll und ganz; jedoch in geeigneten Zeitabständen.

13. DEZEMBER

Und das Werk der Gerechtigkeit wird Friede sein und die Frucht des Rechtes Sicherheit auf ewig. Und mein Volk wird an der Stätte des Friedens wohnen, in sichern Wohnungen, an stillen Ruheplätzen. Jesaja 32, 17–18

Wer möchte das nicht bei all der Unruhe und Unsicherheit, die das moderne Leben mit sich bringt? Dieser Zustand anhaltender Heiterkeit und Freude ist der allein wünschenswerte auf Erden und auch der allein sinnvolle Übergang in den Himmel. Mit den gewöhnlichen Gefühlen, mit denen ein Mensch in Alter und Krankheit stirbt, kann er unmöglich sofort in einen seligen Zustand übergehen. Wohl aber kann ein solches Ahnen im Innern eines Menschen längst vor dem Tod vorhanden sein.

14. DEZEMBER

Das ist das Herrliche am Glauben, daß der Mensch mit sich selbst gar nicht mehr zu rechnen und zu debattieren hat, sondern nur noch mit Gott. Und nichts hindert Gott daran, mit einem höchst unvollkommenen Wesen, sobald nur gegenseiti-

ger Wille dazu vorhanden ist, ein Freundschaftsverhältnis einzugehen, das alle menschlichen Freundschaften weit hinter sich läßt.
Was das Böse in Wirklichkeit ist, wissen wir gar nicht, würden dieses Wissen wohl auch gar nicht ertragen. Für uns ist es die Aufgabe der Freundschaft mit Gott durch unseren eigenen freien Willen.
Der Anfang dazu ist immer Mißtrauen in Gottes Verheißungen, in die Wahrheit seiner Worte oder die Möglichkeit der Erfüllung seiner Gebote, die in der Tat oft von einer fremden Stimme in das Herz gesät wird. Daraus folgt Unglaube, Zweifel und zuletzt der Abfall selbst, nachher die oft fruchtlose Reue. Die Umkehr ist aber, das vergiß nie, immer offen.

15. DEZEMBER

Samuel aber sprach zum ganzen Haus Israel: Wenn ihr von ganzem Herzen zu dem Herrn zurückkehren wollt, so entfernt die fremden Götter aus eurer Mitte und die Astarten; richtet euer Herz auf den Herrn und dient ihm allein, daß er euch aus der Hand der Philister errette. 1. Samuel 7,3

Das ist schon seit alter Zeit das Mittel, wodurch eine herabgekommene Familie oder ein in seiner Bedeutung und Achtung gesunkenes Volk sich wieder erheben kann; viel sicherer, als dies mit aller sonstigen Aufraffung oder mit aller möglichen Rüstung geschieht. Aber es muß Ernst dabei sein und nicht bloß kirchliche Form oder lediglich formaler Gottesdienst. Was daraus folgt, ist dann 2. Mose 29,45 und 46: „Und ich will inmitten der Israeliten wohnen und ihr Gott sein, damit sie erkennen, daß ich, der Herr, ihr Gott bin, der sie aus dem Lande Ägypten herausgeführt hat, um mitten unter ihnen zu wohnen, ich, der Herr, ihr Gott."

Die Verheißungen Gottes, schon die in der Schrift allen Menschen gegebenen, noch mehr aber diejenigen, die man speziell, durch oft fast unausgesprochene, oft aber auch deutliche Worte empfängt, kommen nie von selber zur Ausführung, so daß der Mensch gar nichts mehr dazu zu tun hätte. Sie müssen zunächst im festen Glauben an ihre Zuverlässigkeit angenommen werden, und dann muß auch von unserer Seite alles geschehen, was nötig ist, um sie in Erfüllung gehen zu lassen. Geduld ist dabei oft sehr nötig. Wir hören es ganz deutlich: „Und so erlangte er, nachdem er geduldig ausgeharrt hatte, die Verheißung" (Hebräerbrief 6,15). Aber dennoch kommt früher oder später, mit oder ohne Schwierigkeiten, Schmerzen und Nöte, was von Gott über uns beschlossen ist. Die Verheißung ändert sich nicht, wohl aber kommt sie schwerer oder leichter, je nach unserem Verhaltan, zustande.

Nichts fiel dahin von all dem Guten, das der Herr dem Hause Israel versprochen hatte; alles traf ein. Josua 21,45

Und so erlangte er, nachdem er geduldig ausgeharrt hatte, die Verheißung. Hebräerbrief 6,15

Erinnert euch aber der frühern Tage, in denen ihr, nachdem ihr erleuchtet worden waret, viel Kampf der Leiden erduldet habt, indem ihr teils durch Schmähungen und Trübsale zur Schau gestellt, teils Genossen derer geworden seid, die so wandelten. Denn ihr habt mit den Gefangenen gelitten und den Raub eurer Güter mit Freuden hingenommen in der Erkenntnis, daß ihr für euch einen bessern und bleibenden Besitz habt. Darum werfet eure Zuversicht nicht weg, die eine große Belohnung hat! Denn Ausdauer habt ihr nötig, damit ihr den Willen Gottes tun und (so) die Verheißung erlangen mögt. Denn noch „eine ganz, ganz kurze Zeit", so wird der, welcher kommen soll, kommen und nicht verziehen.
Mein Gerechter aber wird aus Glauben leben, und wenn er feig zurückweicht, hat meine Seele kein Gefallen an ihm".
Wir aber sind nicht solche, die feig zurückweichen, um (so) zugrunde zu gehen, sondern solche, die glauben, um (so) das (ewige) Leben zu gewinnen. Hebräerbrief 10,32–39

Jede Züchtigung aber scheint zwar für die Gegenwart nicht zur Freude zu dienen, sondern zur Traurigkeit; nachher aber verleiht sie denen, die durch sie geübt sind, eine friedvolle Frucht der Gerechtigkeit. Hebräerbrief 12,11

17. DEZEMBER

Das Leben besteht zum großen Teil aus kurzen, entscheidenden Aktionen, denen dann wieder längere Zeiträume folgen, in denen es ruhiger dahinfließt. Dann müssen die Erfahrungen gesammelt und die Grundsätze gewonnen und befestigt werden, nach denen in der Aktion ohne weitere Überlegung gehandelt werden kann. Wer dann noch erst überlegen muß, was er tun kann oder will, ist meistens von vornherein verloren. In den entscheidenden Zeiten spielt, wie man es heutzutage nennt, das „psychologische Moment" die größte Rolle. Wer tapfer und mit wohlerworbenen Kräften und Prinzipien dasteht, kann einen entscheidenden Sieg erringen, der auf längere Zeit hinaus sein weiteres Schicksal bestimmt. Wer dagegen unsicher in die Aktion eintritt, der kapituliert oder weicht aus und muß den ganzen Lebensabschnitt mit seinen Aufgaben neu beginnen, statt vorwärts gehen zu können.

Traue keinen Entschlüssen, Grundsätzen oder Glaubensbekenntnissen, bevor sie sich nicht in einer Aktion bewährt haben. Setze dich nicht selbst in die Lage, einer Anforderung mit nicht bereits feststehenden Prinzipien begegnen zu müssen. Von beidem stammen die schmerzlichen Niederlagen, die wir oft erleiden und die uns den Mut mehr als alles andere nehmen.

Die sicherste Hilfe ist ein ganz festes Vertrauen auf Gott und ein feines Ohr für seine Warnungen und Vorbereitungen auf Kommendes, die nie fehlen. Wer auf Gott vertraut, kann fast aller menschlichen Klugheit, außer ebendieser Aufmerksamkeit, entbehren. Er wird stets vorbereitet, wenn etwas Entscheidendes kommt; vorher ausreichend durch Trost und Verheißung gestärkt und in der Aktion selbst mit mehr Mut ausgestattet als er selbst aufzubringen imstande wäre. Das

Buch Hiob und die Leidensgeschichte Christi sind die sprechendsten Beispiele.

Denn durch eines redet Gott
und durch zwei – man achtet's nicht.
Im Traum, im Nachtgesichte,
wenn auf Menschen Tiefschlaf fällt,
im Schlummer auf dem Lager,
da öffnet er das Ohr der Menschen
und erschreckt sie durch seine Verwarnung,
den Menschen abzubringen vom Unrecht
und den Hochmut aus dem Manne zu tilgen,
seine Seele vor der Grube zu bewahren
und sein Leben vor dem Gang zum Totenreich.
Auch wird er gemahnt durch Schmerz auf seinem Lager,
wenn der Kampf in seinem Gebein gewaltig tobt.
Da wird durch sein Leben ihm das Brot verleidet,
durch seine Unlust die Lieblingsspeise.
Hinschwindet sein Fleisch, daß man es nicht mehr sieht,
und bloß wird sein Gebein, das man (zuvor) nicht sah;
seine Seele naht der Grube und sein Leben den Todesengeln.
Ist dann ein Engel für ihn da,
ein Mittler, einer aus den Tausend,
und der erklärt dem Menschen seine Züchtigung,
und er erbarmt sich sein und spricht:
„Laß ihn los, daß er nicht hinab zur Grube fahre;
ich habe ein Lösegeld gefunden“,
so schwillt sein Fleisch von Jugendkraft,
er kehrt zurück zu den Tagen der Jugend.
Er betet zu Gott, und der ist ihm gnädig,
läßt ihn sein Angesicht mit Jauchzen schauen
und gibt dem Menschen die Unschuld wieder.
Er wird vor den Leuten lobsingen und sagen:
„Ich habe gesündigt und das Recht verkehrt;
aber er hat mir nicht nach meiner Schuld vergolten.
Er hat mein Leben bewahrt vor der Grube,
und meine Seele schaut mit Lust das Licht.“
Siehe, dies alles tut Gott
zweimal und dreimal mit dem Menschen:
er holt seine Seele zurück aus der Grube,
daß er sich freue am Lichte des Lebens.

Hiob 33,14–30

18. DEZEMBER

Niemals ein ungütiges oder unnützes Wort sagen und dennoch reden, wo es wichtig und nötig ist, nicht in einem kalten, hochmütigen oder wenigstens hochmütig erscheinenden Schweigen verharren, das ist eine große Sache. Denn durch Reden wird mindestens ebenso viel Unheil verursacht wie durch Handeln. Die „unnützen Worte" würden ohne die Gnade Gottes, die vieles und auch das ausgleicht und bessert, eine Schuld jedes Menschen anhäufen, die er nur mit Grauen vor sich sehen könnte. Da hilft nichts anderes, als den Baum gut zu machen, damit auch diese Frucht gut sei.

Ich sitze oder stehe, du weißt es;
du verstehst meine Gedanken von ferne.
Ich gehe oder liege, du ermissest es,
mit all meinen Wegen bist du vertraut.
Ja, es ist kein Wort auf meiner Zunge,
das du, o Herr, nicht wüßtest.
Du hältst mich hinten und vorn umschlossen,
hast deine Hand auf mich gelegt.
Erforsche mich, Herr, und erkenne mein Herz;
prüfe mich und erkenne meine Gedanken!
Sieh, ob ich auf dem Wege zur Pein bin,
und leite mich auf ewigem Wege!

Psalm 139,2–5.23–24

19. DEZEMBER

Manche Leute verderben sich ihr Leben damit, daß sie handeln wollen, wenn sie noch lernen und innerlich wachsen sollten, und ebenso nach Ruhe und Betrachtung sich sehnen, wenn es Zeit ist zu handeln und die Bücher oder Andachten beiseite zu lassen.

20. DEZEMBER

Mit Untätigkeit kommt man auf der Erde innerlich nicht vorwärts. Zuerst muß man allerdings selbst durch das richtige Verhältnis zu Gott durch Christus in den „Himmel auf Erden“ gelangen; nachher aber, wenn das geschehen ist, andern dazu helfen. Das heißt Leben.
Das letzte aber nicht zu früh; sonst leitet leicht „ein Blinder einen Lahmen, und sie fallen beide in eine Grube“.

21. DEZEMBER

Viele Menschen, die anfechtbare Wege gehen, haben sie gar nicht aus Neigung betreten, sondern weil sie der weitverbreiteten Ansicht sind, es sei eben nicht möglich, auf andere Weise durch die heutige Welt zu kommen. Für diese stehen bereits im Alten Testament ausdrückliche Versicherungen des Gegenteils, die noch niemanden betrogen haben. Wir haben wenigstens noch niemanden gesehen, der das von sich auf Grund einer längeren Lebenserfahrung – nicht etwa bloß eines halben, mattherzigen und vorübergehenden Versuchs – behaupten konnte. Diejenigen aber, die durch „die Wege aller Welt“ gründlich um ihr Lebensglück gekommen sind, zählen nach Millionen.

Ihr führt freche Reden wider mich, spricht der Herr, und ihr fragt: „Was haben wir wider dich miteinander geredet?“ Ihr sagt: „Es ist umsonst, daß man Gott dient. Was nützt es uns, daß wir seine Ordnung eingehalten haben und daß wir in Trauer einhergegangen sind vor dem Herrn der Heerscharen? Darum preisen wir nun die Übermütigen glücklich: nicht nur gedeihen, die gottlos handeln, sie versuchen sogar Gott und kommen davon.“ Da redeten miteinander, die den Herrn fürchten; und der Herr merkte darauf und hörte es. Und es ward vor ihm ein Gedenkbuch geschrieben für die, welche den Herrn fürchten und seinen Namen achten. Sie werden mein Eigentum werden, spricht der Herr der Heerscharen, auf den Tag, da ich einschreite, und ich werde mich ihrer erbarmen, wie einer sich seines Sohnes erbarmt, der ihm dient. Da werdet ihr wieder den Unterschied zwischen dem Gerechten und dem Gottlosen sehen, zwischen dem, der Gott dient, und dem, der ihm nicht dient. Maleachi 3, 13–18

Denn zwiefach hat mein Volk gefrevelt: mich hat es verlassen, den Quell lebendigen Wassers, und hat sich Brunnen gegraben, rissige Brunnen, die das Wasser nicht halten.
Hast du dir dieses Los nicht selbst bereitet durch deinen Abfall von dem Herrn, deinem Gott? Und nun, was frommt es dir, nach Ägypten zu laufen, um Wasser des Sihor zu trinken? und was frommt es dir, nach Assur zu laufen, um Wasser des Euphrat zu trinken? Belehren wird dich dein Unglück und deine Abkehr dich züchtigen! Erkenne und sieh: böse und bitter ist dein Abfall von dem Herrn, deinem Gott; du hast keine Scheu vor mir, spricht der Herr der Heerscharen. Jeremia 2,13.17–19

„So wollen wir uns denn in unsre Schande betten, und unsre Schmach bedecke uns! denn gegen den Herrn, unsern Gott, haben wir und unsre Väter gesündigt von Jugend an bis auf diesen Tag; wir haben nicht auf die Stimme des Herrn, unsres Gottes, gehört." Jeremia 3,25

Selbst der Storch am Himmel kennt seine Zeiten, und Turteltaube, Schwalbe, Kranich, sie halten ein die Zeit ihrer Heimkehr; aber mein Volk will nichts wissen von der Ordnung des Herrn.
Und sie heilen den Schaden der Tochter meines Volkes leichthin, indem sie sagen: „Friede! Friede!" – Doch wo ist Friede? Jeremia 8,7.11

Und sie zogen ein und nahmen es in Besitz, aber sie hörten nicht auf deine Stimme und wandelten nicht nach deinem Gesetze; nichts von alledem, was du ihnen zu tun geboten, haben sie getan. Darum ließest du all dieses Unglück über sie kommen. Jeremia 32,23

Und sie werden mein Volk sein, und ich werde ihr Gott sein. Ich werde ihnen ein andres Herz und einen andern Wandel geben, daß sie mich fürchten allezeit ihnen selbst zum Heil und ihren Kindern, die nach ihnen kommen. Und ich werde mit ihnen einen ewigen Bund schließen, daß ich mich nie von ihnen abwenden, sondern ihnen Gutes tun will, und die Furcht vor mir werde ich ihnen ins Herz legen, daß sie nicht von mir weichen. Es wird mir eine Lust sein, ihnen Gutes zu tun, und ich werde sie in dieses Land einpflanzen in Treuen, von ganzem Herzen und von ganzer Seele. Denn so spricht der Herr: Wie ich über dieses Volk all dies große Unheil gebracht habe, so bringe ich über sie nun all das Heil, das ich ihnen verheiße. Jeremia 32,38–42

Ach, hättest du doch auf meine Gebote geachtet! Dem Strome gleich wäre deine Wohlfahrt geworden und dein Heil wie die Wogen des Meeres.
Jesaja 48,18

Ich werde alle Berge zum Wege machen, und alle Straßen werden erhöht sein. Siehe, die einen kommen von ferne, und siehe, andre von Norden und Westen und wieder andre aus dem Land der Siniter. Jauchzet, ihr Himmel, und frohlocke, du Erde! Brechet aus in Jubel, ihr Berge! denn der Herr tröstet sein Volk, und seiner Elenden erbarmt er sich.
Zion sprach: „Verlassen hat mich Gott, der Herr hat meiner vergessen." Wird auch ein Weib ihres Kindleins vergessen, daß sie sich nicht erbarmte über den Sohn ihres Leibes? Und ob sie gleich seiner vergäße, so will ich doch dein nicht vergessen. Siehe, auf meine Hände habe ich dich gezeichnet; deine Mauern habe ich immerdar vor Augen. Jesaja 49, 11–16

Wenn das schon im alten Bund so gewesen ist, wozu wären wir denn eigentlich Christen geworden und wozu wäre uns ein „Erlöser" geboren worden, wenn wir jetzt schlechter gestellt sein sollten? Dann hätte ein Weihnachtsfest wahrscheinlich keinen Sinn. Das Neue Testament hat diese Verheißungen nicht aufgehoben.

Meinet nicht, daß ich gekommen sei, das Gesetz oder die Propheten aufzulösen. Ich bin nicht gekommen, aufzulösen, sondern zu erfüllen. Denn wahrlich, ich sage euch: Bis der Himmel und die Erde vergehen, wird nicht ein einziges Jota oder Strichlein vom Gesetz vergehen, bis alles geschehen ist. Wer nun eins dieser kleinsten Gebote auflöst und die Menschen so lehrt, wird der Kleinste heißen im Reich der Himmel. Wer sie aber tut und lehrt, der wird groß heißen im Reich der Himmel. Denn ich sage euch: Wenn eure Gerechtigkeit nicht besser ist als die der Schriftgelehrten und Pharisäer, werdet ihr nicht in das Reich der Himmel kommen.
Matthäus 5, 17–20

22. DEZEMBER

Hüte dich, beim Christentum nur das herauszusuchen, was deine Neugier oder gewöhnliche Wißbegier reizt, oder dich gar mit solchen „Fragen" an Gewissensräte oder sonstige „Autoritäten" zu wenden. Das führt nur auf Abwege, und für solche Fälle sagt schon das Alte Testament von Gott, für die Reinen sei er rein, für die Verkehrten verkehrt. Er läßt nicht mit sich spielen; nur den im Ernst ihn Suchenden gibt er Antwort.

23. DEZEMBER

Das typische Beispiel für den stets bestehenden Unterschied zwischen der jeweiligen wissenschaftlichen Theologie und dem wahren Christentum, wie es Christus wollte, ist das 3. Kapitel des Johannesevangeliums. Der gelehrte Nikodemus leitet das Gespräch mit einer „Anerkennung" ein, womit er glaubt, dem Nichtgelehrten eine Ehre erwiesen zu haben, der nun aber eine Art von Belehrung folgen soll. Sie wird jedoch von Christus kurz damit abgeschnitten, daß er sie erwidert: „Wir reden das, was wir wissen, weil wir es gesehen und gehört haben; ihr aber redet, was ihr gelernt und studiert habt." Das ist noch heute der Unterschied. Das Christentum kann man nicht „lehren", sondern bloß dazu anleiten, damit der andere allmählich hören und sehen kann. Insofern hat es in der Tat nicht die Natur einer Wissenschaft, sondern viel eher einer Geheimlehre, die aber in allen ihren Teilen offen vor jedermanns Augen liegt. Nur können sie viele dennoch nicht sehen und erfassen, und das sind nicht immer die Ungelehrten, eher umgekehrt. Daher sagt auch Christus, wer das Reich Gottes nicht wie ein Kind annehme, das heißt: mit festem Glauben, ohne viel Studieren, der komme nimmermehr hinein. Die Theologie muß auch vorhanden sein; wir würden sie sehr entbehren; aber sie ist weit davon entfernt, das Christentum selber zu sein.

24. DEZEMBER

Darin aber besteht das Gericht, daß das Licht in die Welt gekommen ist, und die Menschen liebten die Finsternis mehr als das Licht; denn ihre Werke waren böse ... Wer aber die Wahrheit tut, kommt zum Licht, damit seine Werke offenbar werden, daß sie in Gott getan sind. Johannes 3, 19.21

Es fehlt auch heute nicht an Belehrung in der Welt; auch nicht daran, daß die Menschen wegen ihres aufgeklärten Verstandes den Worten Gottes nicht mehr glauben könnten. Sie wollen dieses Licht nicht wegen ihrer Taten, die das volle Licht nicht vertragen. Wollten sie die ändern, so würden sie den Glauben sehr leicht und natürlich finden. Darum nützt auch alle Predigt so wenig, und darum lassen die Kirchen durch ihre gemalten Glasfenster nicht gar zu viel Licht in ihre Räume kommen, weil es ihnen viele ihrer Besucher vertreiben würde.

Das andere Wort sagt, daß dem, der wirklich der Wahrheit dient, um Wirksamkeit in der Welt nicht bange zu sein braucht. Denn das Licht beleuchtet ihn dann; er kann nicht im Dunkel bleiben.

Für nichts haben die Menschen trotz ihrer Fehler ein so empfindliches Ohr wie für die Wahrheit. Wenn sie auch heute im fernsten Winkel der Welt redet wie damals in dem unbedeutenden und im Sinn der damaligen Zivilisation „zurückgebliebenen" Judäa und Galiläa, so wird sie rasch bekannt und gelangt von selbst in tausend Ohren ohne alle Reklame. Ob sie dann aber Boden findet und Wurzel faßt, ist eine andere Frage, die Christus in dem bekannten Gleichnis vom Säemann (Lukas 8,5–15) auseinandersetzt.

25. DEZEMBER

So werde ich Israel ausrotten aus dem Lande, das ich ihnen gegeben habe, und das Haus, das ich meinem Namen geweiht habe, von meinem Angesicht verwerfen, und Israel soll zum Sprichwort und zum Spotte werden unter allen Völkern. Und dieses Haus wird zu einem Trümmerhaufen werden, und jeder, der daran vorübergeht, wird sich entsetzen und spotten; und wenn man fragt: „Warum hat der Herr diesem Lande und diesem Hause solches angetan?" so wird man antworten: „Weil sie den Herrn, ihren Gott, der ihre Väter aus dem Lande Ägypten herausgeführt hat, verlassen und sich an andere Götter gehalten, sie angebetet und ihnen gedient haben, darum hat der Herr all dieses Unglück über sie gebracht."

1. Könige 9,7–9

Siehe, euer Haus wird euch öde gelassen. Denn ich sage euch: Ihr werdet mich von jetzt an nicht (mehr) sehen, bis ihr sprechen werdet: „Gepriesen sei, der da kommt im Namen des Herrn." Matthäus 23,38–39

Das war damals der Gerichtsspruch für das Volk Israel. Aus ihrem Nationalheiligtum zog Gott aus, und ohne ihn konnte es

keinen Schutz vor dem unaufhaltsam hereinbrechenden Gericht gewähren. Es nützen keinerlei Formen einer Religion etwas, sobald der Geist zu fehlen beginnt.
Ebenso sicher kommt nun aber auch noch der andere Teil der Weissagung heran – und vielleicht schneller als man glaubt –, wonach Judentum und Christentum einst wieder zusammenfinden und die gleiche Geschichte haben werden. Vorher ist die Ausgestaltung des Christentums nicht völlig da, wie sie Christus gewollt hat.

Wenn einst dieses alles über dich kommt, der Segen und der Fluch, die ich dir vorgelegt habe, und du nimmst es dir zu Herzen, unter all den Völkern, dahin dich der Herr, dein Gott, verstoßen hat, und bekehrst dich zu dem Herrn, deinem Gott, und hörst auf sein Wort, ganz wie ich es dir heute gebiete, du und deine Kinder von ganzem Herzen und von ganzer Seele, so wird der Herr, dein Gott, dein Geschick wenden und sich deiner erbarmen und wird dich wieder sammeln aus all den Völkern, dahin dich der Herr, dein Gott, zerstreut hat. Wenn auch deine Versprengten am Ende des Himmels wären, so wird dich doch der Herr, dein Gott, von dannen sammeln und dich von dannen holen; und der Herr, dein Gott, wird dich in das Land bringen, das deine Väter besessen haben, und du wirst es besitzen, und er wird dich glücklicher und kinderreicher machen, als deine Väter waren. Und der Herr, dein Gott, wird dein Herz und das Herz deiner Nachkommen beschneiden, daß du den Herrn, deinen Gott, liebest von ganzem Herzen und von ganzer Seele, um deines Lebens willen. Und alle diese Flüche wird der Herr, dein Gott, auf deine Feinde und auf deine Hasser legen, die dich verfolgt haben.
5. Mose 30, 1–7

Denn ich weiß, was für Gedanken ich über euch hege, spricht der Herr, Gedanken zum Heil und nicht zum Unheil, euch eine Zukunft und Hoffnung zu gewähren. Wenn ihr mich ruft, so will ich euch antworten; wenn ihr zu mir betet, will ich auf euch hören. Wenn ihr mich sucht, so sollt ihr mich finden; wenn ihr nach mir fragt von ganzem Herzen, so werde ich mich von euch finden lassen, spricht der Herr. Ich werde euer Geschick wenden und euch sammeln aus allen Völkern und von allen Orten, dahin ich euch verstoßen habe, spricht der Herr, und werde euch wieder an den Ort bringen, von wo ich euch in die Verbannung geschickt. Jeremia 29, 11–14

Denn Gott hat alle zusammen in den Ungehorsam hineingebannt, um an allen Barmherzigkeit zu erweisen. Römerbrief 11, 32

Es ist daher auch Achtung vor diesem seinem Volk geboten, zu dem er – nach seinem eigenen Ausspruche sogar allein und ausschließlich – gesandt war (Matthäus 15,24). Zu uns ist, genaugenommen, Paulus gesandt worden.
Dieses alte Volk ist wohl „gezeichnet" von seinem angestammten Herrn, wie Kain gezeichnet wurde; aber gerade deshalb steht es auch in seinem besondern Schutz. Er allein ist sein Richter, und niemand darf es außer ihm ungestraft verfolgen und demütigen. Auch hat der Segen dieses Volkes – soweit es seinem Glauben treu ist – noch heute eine besondere Kraft und eine größere Wirkung als jeder andere:

Segnen will ich, die dich segnen, und wer dir flucht, den will ich verfluchen; und mit deinem Namen werden sich Segen wünschen alle Geschlechter der Erde. 1. Mose 12, 3

Da aber die Schrift vorhersah, daß Gott die Heiden aus Glauben gerechtspricht, hat sie dem Abraham zum voraus verkündigt: „In dir werden alle Heiden gesegnet werden." Somit werden die, welche aus Glauben sind, mit dem gläubigen Abraham gesegnet. Galaterbrief 3, 8–9

26. DEZEMBER

Seitdem Christus in der Geschichte erschienen ist, dürfen wir wohl sagen: Jedes menschliche Ideal oder Vorbild ist schädlich. Kein Mensch darf dir als so etwas vorschweben; wohl aber kann er dir ein Führer und Helfer zu Christus sein. Du darfst diesem menschlichen Führer dankbar sein, nicht aber ihn „verehren", wenn dieses übermäßig gebrauchte Wort wirklich einen Sinn haben kann. Meistens ist es nur eine bloß widerwärtige Redensart, die nicht einmal soviel wie gewöhnlichste Dankbarkeit bedeutet.

27. DEZEMBER

Man kann ganz gut in einer Welt voller Geschäfte – nicht so leicht in einer solchen voller Vergnügen – aufrichtig sagen: „Mein Herz ist stille zu Gott, der mir hilft." Aber die bloße Stille und Einsamkeit ist kein Schutz vor Versuchungen und keine Hilfe zur Vollkommenheit, wenn nicht der Glaube an Gott damit verbunden ist.
Das Beste ist hier auf Erden die Abwechslung beider Zustände. Daher müssen auch Ordensleute irgendeine praktische Arbeit haben und geschäftige Menschen haben Zeiten der Stille nötig. Das Christentum schützt sowohl vor Untätigkeit wie vor Welttrunkenheit. Wer es ganz kennt, der muß sagen, daß es vom Himmel komme, auf Erden wächst so etwas nicht.

28. DEZEMBER

Das eindeutigste Gebot, das am wenigsten beobachtet wird, lautet: „Du sollst den Namen Gottes nicht mißbrauchen; denn der Herr wird den nicht ungestraft lassen, der seinen Namen mißbraucht." Das trifft die frommen Leute gerade so sehr wie die unfrommen; denn auch sie behaupten oft, etwas als „Reichs-Gottes-Sache" zu tun, wobei es ihnen mehr um Unterhaltung oder Betriebsamkeit, wenn nicht gar um Anerkennung und Ehre vor der Welt zu tun ist.

Wie könnt ihr *glauben, die ihr Ehre voneinander annehmt, und die Ehre vom alleinigen Gott sucht ihr nicht?* Johannes 5,44

29. DEZEMBER

Die Klagen über „die Welt und ihr Treiben" sind völlig nutzlos. Wenn die frommen Leute, die der Welt nicht angehören wollen, völlig so wären, wie sie sein sollten und könnten, dann würden die sozialen Mißstände sich ganz von selber um vieles bessern, während sie durch Klagen und Predigen allein nicht besser werden. Das Christentum ist offenbar so gemeint gewesen: Es soll eine Gesellschaft von Menschen sein, die im Vertrauen auf Gottes Schutz und die beständige Nähe ihres Herrn ganz ruhig ihren Weg geht, soviel wie möglich Gutes tut und ihre Grundsätze – durch ermutigendes Beispiel noch mehr als durch Lehre – ausbreitet. So muß auch seine Erneuerung aussehen, die uns bevorsteht, und die Welt ist jetzt dafür empfänglicher, als sie es seit langem gewesen ist. Es fehlt nur an uns.

30. DEZEMBER

„Wie man unmöglich sagen kann, was Gott ist, ebenso unaussprechlich ist alles, was man bei dem Verlieren seiner selbst in Gott erfährt." Dieser Ausspruch der Elisabeth von Baillon drückt am besten aus, was „Mystik" oder „inneres Leben" eigentlich ist. Es ist nicht möglich, die Sache selbst zu beschreiben. Wenn man es könnte, so verstände es doch nur der, welcher der Beschreibung nicht bedarf. Man kann nur einzelne Auswirkungen allgemein klarzumachen versuchen. Auch das wird stets noch dem Verdacht unterliegen, Täuschung und Phantasie zu sein.

Auf Phantasie stellt man aber doch nicht leicht sein ganzes Lebensglück ab, wenn man ein verständiger, welterfahrener Mensch ist. Umgekehrt zeigt gerade diese Welterfahrung täglich, welch ein ganz phantastisches und völlig unhaltbares Fundament das Glück der Weltleute hat. *Sie* sind daher vermutlich die wahren Träumer, nicht die Mystiker.

Aber das kann man auch mit aller Gewißheit sagen: Gott gehorchen und seinen Willen ernst, beständig und treu tun, das allein und kein anderer Weg irgendeiner Art führt zu der Vollkommenheit, die für den Menschen überhaupt erreichbar ist. Alle andersartige Mystik ist ein gewaltiger Irrtum und, so sie nicht sehr naiv und gutgläubig ist, ein ebenso großer Seelenverderb.

Wenn jemand einmal den festen Entschluß gefaßt hat, fortan nur dem Rechten und Guten zu dienen, und zwar so, wie sich die Gelegenheit dazu ungesucht darbietet, dann werden ihm die Tage und Monate, Jahreszeiten und Jahre, ja, am Ende des Lebens selbst seine weitaus meisten Ereignisse gleichgültig und sogar der Kalender ein fast überflüssiges Hausgerät.

Zeiten haben nur Wert und Bedeutung für den, der von ihnen vorzugsweise Genuß, nicht aber Tätigkeit erwartet.

Sei nur getrost; es wird bei dir, wenn es dir Ernst ist, anders als bisher zu werden, noch eine Zeit kommen, wo du aller menschlichen Weisheit und Lehre entraten kannst, weil du ganz von selber, aus natürlichem Antrieb und Neigung immer das denkst und tust, was recht und gut ist.

Dann danke Gott für die Mühe, die er sich mit dir gegeben hat, und für das Leben, das seinen Zweck erreicht hat.

Und nun, lebe wohl bis dahin und fasse Mut dazu. Sprich nur nicht etwa, wie der König Agrippa: „Beinahe hättest du mich überzeugt" (Apostelgeschichte 27,28). Diese kühle, halbe Billigung ist noch um einen Grad hoffnungsloser als der Widerspruch.

Gebetstexte

Ulrich Bach
Hosianna bei Gegenwind
Versuche zu beten
Band 1292, 128 Seiten

Adalbert Ludwig Balling
Unseren täglichen Reis gib uns heute
Gebete aus der Dritten Welt
Band 1119, 128 Seiten

Rudolf Bohren
Ich möchte Mauern durchschreiten
Gebete osteuropäischer Christen
Band 1224, 128 Seiten

Rudolf Bohren
Texte zum Aufatmen
Seligpreisungen der Bibel
Band 1693, 160 Seiten

Werner Braselmann (Hrsg.)
Gespräche meines Herzens
Gebete auf dem Lebensweg
Band 1332, 160 Seiten

Werner Braselmann (Hrsg.)
Du hältst meine Hand
Gebete der Bibel
Band 1375, 128 Seiten

in der Herderbücherei

Gebetstexte

Werner Braselmann (Hrsg.)
„Meine Zeit steht in Deinen Händen"
Gebete für die zweite Lebenshälfte
Band 1587, 160 Seiten

Henri J. M. Nouwen
Gebete aus der Stille
Den Weg der Hoffnung gehen
Band 1668, 128 Seiten

Du bist schön, meine Erde
Gebete für die Schöpfung
Gesammelt und eingeleitet von Franz Rieger
Band 1326, 160 Seiten

Friedensgebete aus aller Welt
Gesammelt und eingeleitet von Franz Rieger
Band 1145, 128 Seiten

Kyrilla Spiecker
Mit Gott im Wort
Beter der Bibel
Band 1555, 128 Seiten

Kurt Wolff
Vergeben steht uns gut zu Gesicht
Zwischenrufe zum Vaterunser
Band 1595, 160 Seiten

in der Herderbücherei

Altes und Neues Testament

Rolf Baumann
„Gottes Gerechtigkeit" –
Verheißung und Herausforderung für diese Welt
Band 1643, 256 Seiten

Alois Brem
Von deiner Güte ist die Erde erfüllt
Worte der Bibel – Worte fürs Leben
Band 1695, 128 Seiten

Norbert Lohfink
Unsere neuen Fragen und das Alte Testament
Wiederentdeckte Lebensweisung
Band 1594, 160 Seiten

Dieter Nestle
Die Ursprünge des Neuen Testamentes
oder: Vom Wort Gottes, das unter die Räuber fiel
Band 1054, 160 Seiten

Dieter Nestle
„Wenn du im Garten wandelst, lerne den Glauben"
Schöpfung im Lichte des ersten Evangeliums
Band 1214, 160 Seiten

Alexander Ronai/Hedwig Wahle
Das Evangelium – ein jüdisches Buch?
Eine Einführung in die jüdischen Wurzeln
des Neuen Testaments
Band 1298, 192 Seiten

in der Herderbücherei

Altes und Neues Testament

Alfred Schilling
„Verstehst du auch, was du liest?"
Vom rechten Umgang mit der Bibel
Band 1585, 160 Seiten

Hans Schwarz
Die biblische Urgeschichte
Gottes Traum von Mensch und Welt
Band 1608, 160 Seiten

Bernard Springer
Was uns verheißen ist
Wege zum biblischen Glauben
Band 1670, 256 Seiten

Claus Westermann
Schöpfung
Wie Naturwissenschaft fragt –
was die Bibel antwortet
Band 1630, 208 Seiten

Kurt Wolff
Von der felsenfesten Treue Gottes
Bausteine und Edelsteine
Denksteine und Stolpersteine in der Bibel
Band 1674, 160 Seiten

Hans Walter Wolff
Iß dein Brot mit Freuden
Alttestamentliche Ermutigungen
Band 1698, 128 Seiten

in der Herderbücherei